Descobrir Jogos Online Grátis

Disponível Aqui:

BestActivityBooks.com/FREEGAMES

5 DICAS PARA COMEÇAR

1) CÓMO RESOLVER LAS SOPA DE LETRAS

Os puzzles têm um formato clássico:

- As palavras estão escondidas sem espaços ou hífenes,...
- Orientação: As palavras podem ser escritas para a frente, para trás, para cima, para baixo ou na diagonal (podem ser invertidas).
- As palavras podem sobrepor-se ou intersectar-se.

2) APRENDIZAGEM ACTIVA

Ao lado de cada palavra há um espaço para anotar a tradução. Para encorajar a aprendizagem activa, um **DICIONÁRIO** no final desta edição permitir-lhe-á verificar e expandir os seus conhecimentos. Procure e anote as traduções, encontre-as no puzzle e adicione-as ao seu vocabulário!

3) MARCAR AS PALAVRAS

Pode inventar o seu próprio sistema de marcação - talvez já use um? Pode também, por exemplo, marcar palavras difíceis de encontrar com uma cruz, palavras favoritas com uma estrela, palavras novas com um triângulo, palavras raras com um diamante, e assim por diante.

4) ESTRUTURANDO A APRENDIZAGEM

Esta edição oferece um **CADERNO DE NOTAS** prático no final do livro. Nas férias, em viagem ou em casa, pode facilmente organizar os seus novos conhecimentos sem a necessidade de um segundo caderno!

5) JÁ TERMINOU TODAS AS GRELHAS?

Nas últimas páginas deste livro, na secção **DESAFIO FINAL**, encontrará um jogo gratuito!

Rápido e fácil! Consulte a nossa colecção de livros de actividades para o seu próximo momento de diversão e **aprendizagem**, a apenas um clique de distância!

Encontre o seu próximo desafio em:

BestActivityBooks.com/MeuProximoLivro

Aos vossos lugares, preparem-se...Vão!

Sabia que existem cerca de 7.000 línguas diferentes no mundo? As palavras são preciosas.

Adoramos línguas e temos trabalhado arduamente para criar livros da mais alta qualidade para si. Os nossos ingredientes?

Uma selecção de tópicos adequados à aprendizagem, três boas porções de entretenimento, e depois acrescentamos uma colherada de palavras difíceis e uma pitada de palavras raras. Servimo-los com amor e máximo divertimento, para que possa resolver os melhores jogos de palavras e se divirta a aprender!

A sua opinião é essencial. Pode participar activamente no sucesso deste livro, deixando-nos um comentário. Gostaríamos de saber o que mais lhe agradou nesta edição.

Aqui está um link rápido para a sua página de encomendas:

BestBooksActivity.com/Avaliacoes50

Obrigado pela vossa ajuda e divirtam-se!

A Equipa Inteira

1 - Dirigindo

注	ハ	ズ	ジ	陶	オ	読	キ	グ	キ	芸	ゼ	キ	ズ	芸	ャ
意	み	エ	グ	真	ー	タ	ー	モ	読	絵	ル	ジ	歩	ゲ	ゼ
ス	魔	狩	警	ル	ト	ー	リ	ト	ス	道	危	険	行	事	故
ガ	真	車	レ	察	バ	イ	ク	写	ン	絵	グ	物	者	レ	み
ン	レ	絵	イ	ズ	イ	魔	魔	狩	セ	ブ	レ	ー	キ	グ	画
ン	イ	ー	ラ	猟	味	喜	ム	プ	イ	喜	喜	み	魔	味	猟
エ	み	興	ジ	撮	活	ム	エ	書	ラ	編	ク	魔	芸	キ	猟
び	シ	ク	ル	安	燃	料	真	ラ	ー	猟	影	プ	書	品	ジ
レ	猟	影	動	全	地	図	品	読	パ	ー	撮	法	釣	物	び
読	狩	読	味	性	図	品	読	ゼ	パ	ー	狩	影	リ	写	み
絵	読	み	プ	真	影	ム	パ	び	影	ジ	狩	芸	喜	釣	び
ト	ン	ネ	ル	パ	シ	味	ャン	狩	ズ	猟	芸	物	喜	魔	陶
物	猟	ク	ゲ	書	ラ	園	キャン	編	み	び	ャ	魔	ク	ラ	芸
書	撮	陶	キ	陶	び	書	イ	喜	味	真	シ	動	ン	ク	動
ゼ	ャ	グ	ム	び	り	み	び	物	絵	興	撮	写	ラ	イ	陶
び	写	み	ハ	狩	交	通	撮	陶	影	物	み	編	イ	シ	陶

事故	オートバイ
トラック	モーター
燃料	歩行者
注意	危険
ブレーキ	警察
ガレージ	ストリート
ガス	安全性
ライセンス	交通
地図	トンネル

2 - Antiguidades

ジ	ー	リ	イ	陶	猟	リ	喜	み	園	品	ム	ス	プ	プ	読
興	ハ	法	写	興	陶	ハ	レ	リ	絵	ゲ	陶	タ	芸	品	撮
り	物	ズ	撮	書	ゼ	園	パ	パ	ハ	ダ	ラ	イ	競	り	ク
パ	復	ム	珍	編	プ	キ	編	び	ム	シ	ル	売	コ	活	味
品	元	影	ム	撮	し	び	ー	喜	ジ	喜	ャ	法	装	イ	ゲ
ム	ダ	読	プ	物	パ	い	ゲ	グ	品	プ	魔	ン	飾	ン	活
ク	ジ	動	芸	ダ	ア	古	興	ダ	魔	撮	真	シ	活	ン	活
キ	狩	ム	味	読	ー	リ	ラ	ギ	品	ズ	ゼ	ゲ	シ	シ	リ
ラ	ゼ	動	ク	パ	ト	ン	ガ	レ	ェ	陶	グ	イ	ズ	グ	真
撮	投	資	猟	レ	レ	狩	魔	興	絵	ン	興	び	グ	エ	世
び	品	質	パ	魔	撮	書	興	ゼ	釣	び	ダ	グ	味	イ	紀
絵	リ	家	具	愛	好	家	法	ン	撮	絵	エ	ー	写	書	リ
り	影	ク	園	パ	物	ズ	興	品	喜	芸	ム	ゼ	狩	ハ	ム
ラ	ル	狩	リ	シ	ゲ	ン	オ	ー	セ	ン	ティ	ッ	ク	グ
ダ	画	ズ	価	物	ー	び	魔	書	彫	プ	イ	リ	値	写	狩
陶	味	ジ	狩	格	シ	園	喜	ゲ	刻	園	ア	味	ラ	ダ	画

アート	アイテム
オーセンティック	競売
装飾	家具
エレガント	コイン
愛好家	価格
彫刻	品質
スタイル	復元
ギャラリー	世紀
珍しい	古い
投資	

3 - Churrascos

```
喜サイ絵ズキゲイジみフイナー園ー
飢ラ品ンり魔ン塩ズ法ルジキ活イび
餓ダ写撮ク品画ー釣ンーグリル夕物
シジー動ダ法釣みャりツランチ食イ
動品ラ真絵エズハ法園興影活ズ芸り
ーダリダキ釣喜ラ興ラジ読ダ園キク
真ゼ影味びシみ味味家読猟エ影ズー
品キ野ーリー陶ンム族影イゼシ写レ
クエ菜釣チキン招ゲホ味キ活ン絵味
プト絵イ真エびジ待ッエ法魔イパ読
猟マゲーム真ズ魔法トぜゃびゼズリ
編ト写品ズ釣喜ーンハズパ絵真園品
コラパびジャエ陶音りびジ絵イ子園
ンシレ画プパ味品猟楽ソ魔撮書供ル
りゲョイ動魔キ陶狩ーキグ活達ハ写
影影園ウ夏イ園グ魔ムスラ活パエ写
```

ランチ	夕食
招待	ゲーム
子供達	野菜
ナイフ	ソース
家族	音楽
飢餓	コショウ
チキン	ホット
フルーツ	サラダ
グリル	トマト

4 - Geologia

写 影 興 グ 洞 ラ ミ レ 品 影 ジ 物 ャ 地 レ ン
ゾ 喜 ム ハ 窟 リ ネ ン キ 影 ズ 品 り 震 猟 写
ー 味 芸 ン ジ ズ ラ エ 画 読 絵 陶 ダ び 真 釣
ン び イ ム ウ シ ル カ 園 絵 猟 活 グ 撮 ジ ル
喜 写 編 ラ ム 猟 味 侵 猟 活 物 狩 狩 猟 み 撮
園 園 写 狩 絵 芸 ジ 食 品 び 層 シ ム 猟 結 ズ
狩 狩 撮 石 英 み ダ び 陶 絵 真 編 品 結 法 影
喜 エ ズ 園 り 品 書 ャ 法 物 ゲ ラ 真 晶 品 味
写 写 活 ゼ ク 溶 岩 ジ 大 物 陶 画 コ ー ラ ル
書 読 ム ジ 真 法 エ シ 陸 活 ハ び 鍾 動 石 ク
ル キ 釣 魔 影 び 読 火 狩 レ 味 魔 乳 法 化 筍
ラ 活 編 品 絵 高 芸 ダ 山 キ 芸 興 石 ハ 石 ズ
酸 り ム ゼ 園 ャ 原 ラ ゲ ハ 興 真 ズ ラ 真 ム
パ 影 グ シ ゲ ハ 撮 ク 影 魔 絵 動 ム レ ゼ エ
び ハ 法 狩 ゲ イ パ 塩 味 園 法 品 シ ダ エ ジ
物 興 ゲ ゲ 猟 び 書 芸 活 ン ゲ ジ ム 真 動 ジ

洞窟	化石
カルシウム	溶岩
大陸	ミネラル
コーラル	高原
結晶	石英
侵食	地震
鍾乳石	火山
石筍	ゾーン

5 - Tempo

```
ハ 活 品 狩 興 活 り 陶 未 来 味 活 猟 ゲ イ 物
ム 夜 物 味 喜 ハ 書 猟 ジ 陶 ラ 陶 真 喜 写 レ
世 味 レ 今 狩 ハ 喜 グ グ 編 真 十 年 読 陶 パ
紀 り レ 日 興 み 絵 ゼ 動 一 園 読 ク 法 グ ゲ
喜 読 シ ゲ 影 シ レ み ゼ 前 活 リ 法 分 品 魔
ン 動 喜 読 釣 ン 芸 活 絵 イ 猟 真 撮 園 ジ 編
ジ 今 び 陶 ラ 猟 園 り ハ 陶 読 シ 撮 ジ キ 動
撮 月 ム 真 シ ー プ ャ ム 芸 喜 ダ パ ル 撮
味 計 時 間 品 ム 園 び ダ 喜 画 ル 真 撮 園 撮
ハ ル イ イ 魔 書 写 園 動 芸 ズ 編 み 狩 ゼ り
絵 芸 猟 み プ ハ 動 ハ ダ シ り カ レ ン ダ ー
ク 絵 ズ ー 味 ジ 真 ゲ ク り シ ム ジ 書 芸 法
猟 キ 味 ル 瞬 釣 影 び ハ 品 レ 釣 ズ 法 ゼ パ
通 年 動 品 園 ジ 撮 写 品 法 グ 喜 ダ 週 興 画
キ り 物 物 猟 リ ゼ 日 読 ム ラ み 芸 釣 法
リ ゲ ル 画 ク 猟 ダ エ ダ ゲ イ 昨 日 昼 ラ 朝
```

通年	時間
カレンダー	一瞬
十年	昨日
未来	時計
今日	世紀

6 - Astronomia

```
釣 動 リ 地 ジ 画 品 エ ル 絵 園 ル レ ー プ ン
ゼ ー 座 球 真 撮 喜 撮 猟 ゲ ン キ 園 シ 釣
画 釣 星 惑 小 ラ ジ プ プ リ 春 分 ー ム 画 ク
品 編 雲 キ 超 猟 絵 動 シ 写 り 絵 ジ ズ 編 ジ
食 ム 編 レ 新 ジ 編 魔 び リ ジ ク ン 書 ク シ
ゼ 芸 法 ク 星 放 射 線 動 影 ジ 重 ダ 写 ゼ 絵
ャ パ 画 リ 月 宇 ジ ン ロ イ 狩 活 カ 影 ジ ム
撮 ズ キ エ 空 宙 グ 書 ケ 惑 ャ ム 撮 キ 活 写
陶 活 法 び 撮 ゼ 陶 び ッ 星 レ ラ 狩 太 陽 び
陶 活 ゼ 読 画 猟 ラ 猟 ト ハ び 書 プ ゼ ジ ム
ゲ 法 法 書 活 び ク び ジ 狩 ジ 写 動 法 喜 影
流 星 喜 ハ グ 動 シ 書 エ 画 り プ み 銀 河 ゲ
ゲ ン 編 パ 陶 魔 び エ ラ 動 狩 ゼ エ ダ ハ 狩
宇 宙 飛 行 士 ャ 影 リ パ 魔 台 キ プ 真 撮 物
陶 ハ 猟 ク 魔 書 釣 法 興 天 文 学 者 編 リ 喜
物 ハ パ ジ び 影 ク グ ル 動 天 編 撮 ジ み 品
```

小惑星	星雲
宇宙飛行士	天文台
天文学者	惑星
星座	放射線
春分	太陽
ロケット	超新星
銀河	地球
重力	宇宙
流星	

7 - Acampamento

```
レ り 釣 書 味 ゼ ク イ グ イ 森 シ 木 り 喜 地
味 ゼ 冒 ン レ み 編 リ 味 ャ ー ク シ パ エ 図
味 品 険 プ 魔 園 動 りゃ 物 絵 ッ ゲ 喜 プ み
園 魔 ゼ 書 シ ラ ズ 動 物 魔 味 モ 狩 書 編 読
ハ 写 編 ク キ ン ー 興 ラ ン タ ン 影 り 法 キ
品 ゼ 真 ラ ー 喜 テ 喜 イ ビ ク ハ 物 ル ャ イ
活 昆 虫 読 ゲ ル ン 写 画 ャ 真 ル 陶 書 ム キ
写 釣 写 喜 ャ 魔 ト コ ー キ ム ズ 動 ラ プ 画
エ 絵 プ 山 ン 書 パン 月 パ 猟 み 動 ダ 活 魔
ャ 自 魔 リ 品 ャ ン パ ム 書 法 編 ャ 法 書 ラ
編 然 真 物 ク リ ダ ス エ 編 活 帽 子 ジ 影 ダ
ャ み ジ 芸 シ 湖 味 影 狩 み 真 イ 絵 ク ル 撮
喜 み 芸 ロ キ 猟 ゼ 読 ゲ 真 ク ゃ 釣 狩 喜 狩
み ジ ー ー ヌ カ イ ズ 活 パ ゲ 興 り 猟 猟 ル
興 ハ び プ り 書 活 ゃ 興 園 火 ゼ ル み ゲ ダ
品 ダ ル 品 芸 ダ ク ゼ ゼ 陶 ン グ 陶 ズ 書 興
```

動物　　　　　　　　ロープ
冒険　　　　　　　　昆虫
コンパス　　　　　　ランタン
キャビン　　　　　　ハンモック
狩猟　　　　　　　　地図
カヌー　　　　　　　自然
帽子　　　　　　　　テント

8 - Ficção Científica

影 興 み ユ オ 写 陶 未 興 芸 影 惑 火 ゲ 読 爆
撮 レ 品 ー 技 ラ な 来 書 絵 園 星 み エ 活 発
リ 読 ズ ト 術 ク 的 書 晴 ら 物 み 猟 活 レ プ
品 り 写 ピ 写 品 撮 素 ー し 遠 猟 物 レ イ シ
活 猟 猟 ア キ 法 イ 秘 神 み い 物 レ イ み シ
ン リ リ リ 編 品 魔 撮 影 グ 遠 レ ズ み 真 品
ー 真 ン 芸 み 真 興 編 喜 ー 狩 ズ 品 真 画 キ
り ラ 絵 み 品 猟 イ 品 ラ ダ 物 グ 画 パ ダ 写
世 界 品 イ 活 ゲ ラ 園 撮 レ ア ミ 法 釣 シ ダ
イ リ ュ ー ジ ョ ン 現 実 ピ 猟 ッ 真 り シ 写
ン 画 ン ン 芸 虚 数 法 的 ト 書 ク り 喜 活
ハ ラ リ パ レ 活 園 読 ス ャ 影 真 読 影 品
シ リ ク レ レ 法 芸 味 ィ シ プ 活 エ 動 リ
芸 ャ レ 活 ゃ ダ ル 影 レ デ パ 工 真 影 ム
陶 ー ル 品 ゲ 陶 ハ 魔 芸 り 狩 シ 物 ル 狩
み り ハ ロ ボ ッ ト ク エ 撮 ゼ エ び パ 物 芸

アトミック	書籍
シネマ	神秘的な
遠い	世界
ディストピア	オラクル
爆発	惑星
素晴らしい	現実的
未来的	ロボット
銀河	技術
イリュージョン	ユートピア
虚数	

9 - Mitologia

猟	グ	伝	猟	り	動	モ	品	ャ	び	法	編	ハ	ー	ン	原
魔	物	説	復	編	ン	ー	ロ	ー	ヒ	災	害	生	び	ー	型
リ	法	レ	讐	絵	プ	タ	編	影	リ	ダ	き	法	芸	ル	ジ
ダ	味	の	物	活	影	ル	り	撮	文	ズ	撮	物	レ	ル	プ
猟	シ	書	編	ン	物	狩	読	品	化	ゼ	ー	編	嫉	イ	ー
撮	画	ム	パ	ゲ	イ	法	キ	ゲ	読	喜	ャ	び	ダ	妬	ム
ク	ジ	ー	写	物	絵	釣	ズ	イ	陶	ゲ	品	グ	ハ	ダ	エ
キ	ジ	強	イ	物	ャ	興	リ	グ	猟	イ	書	動	撮	写	活
撮	不	さ	ダ	み	ダ	ハ	ゼ	び	ズ	猟	パ	写	法	活	活
ダ	ハ	死	ラ	ビ	リ	ン	ス	法	プ	真	撮	ハ	釣	画	釣
モ	ン	ス	タ	ー	味	絵	ン	グ	ン	戦	士	グ	ム	パ	ヒ
プ	物	ク	写	品	び	品	シ	影	撮	プ	グ	編	シ	撮	ロ
シ	ャ	影	び	り	活	み	ム	物	グ	写	真	読	み	味	イ
イ	プ	ゼ	釣	レ	稲	妻	行	狩	グ	画	猟	ゲ	み	雷	ン
写	法	み	動	ゼ	狩	ズ	動	動	動	興	物	み	絵	釣	シ
物	ダ	ハ	作	成	猟	興	ャ	り	画	活	ゲ	活	釣	シ	法

原型	ヒーロー
嫉妬	不死
行動	ラビリンス
作成	伝説
生き物	魔法の
文化	モンスター
災害	モータル
強さ	稲妻
戦士	復讐
ヒロイン	

10 - Medições

```
絵 キ リ ー 絵 絵 編 イ ズ 狩 喜 シ び ゲ パ セ
メ ロ 重 ル 物 読 影 パ プ 画 ハ ダ 絵 ラ み ン
ー グ さ 高 分 ー イ ー ゼ ゲ ハ 動 品 絵 リ チ
タ ラ 真 キ ズ パ イ 写 喜 書 ン ハ シ ダ ラ メ
ー ム ハ 芸 リ ラ ン 深 真 ク ダ グ 写 画 写 ー
プ ー エ ゼ 味 猟 チ 猟 さ ズ キ 喜 プ 質 芸 ト
ラ ュ ズ 書 活 イ 読 長 味 ロ 陶 グ 写 量 ル ル
ー リ 園 動 ス 品 キ 園 画 ャ メ ゼ ハ ダ 動 ー
撮 ボ 法 法 ン 写 り 狩 魔 物 ー 猟 ン 喜 狩 幅
ゲ ャ キ イ オ 真 物 ゲ 影 レ ト 狩 ゼ 影 喜 ラ
ゲ ハ ン バ 芸 真 陶 撮 真 び ル 編 芸 ム 写 レ
キ 味 リ ッ ト ル 画 グ グ ジ ジ ル ク ゲ ク 小
味 絵 法 法 ジ ー ゼ ル 影 ゼ キ み ハ 撮 ラ 数
動 写 味 物 読 ム ル グ 撮 写 度 ャ 撮 撮 編 品
ム 狩 イ 影 品 ダ 興 プ ラ ン 品 エ エ 味 ラ レ
活 ク り 編 り 物 読 ム イ ム 狩 ジ 法 書 リ 物
```

高さ	オンス
バイト	重さ
センチメートル	インチ
長さ	深さ
小数	キログラム
グラム	キロメートル
リットル	トン
質量	ボリューム
メーター	

11 - Álgebra

リ	魔	ハ	ゼ	ズ	動	喜	撮	イ	レ	真	図	魔	み	影	猟
問	真	り	写	編	味	編	ズ	グ	マ	ト	リ	ッ	ク	ス	和
題	味	ク	ン	シ	猟	活	ン	猟	ゲ	リ	興	み	ラ	写	ム
線	絵	読	り	編	ム	ラ	撮	味	撮	ル	ゲ	ダ	品	一	物
キ	形	単	純	化	リャ	園	読	活	影	び	一	撮	一	陶
ハ	画	キ	シ	編	動	ラ	キ	魔	ダ	ゼ	味	り	影	興	一
ム	陶	喜	書	プ	影	ル	み	猟	レ	パ	一	読	ン	ク	喜
動	式	パ	一	び	画	番	法	解	び	品	シ	リ	リ	ズ	ラ
レ	ェ	プ	み	指	数	イ	号	決	狩	品	ラ	狩	活	法	パ
味	ゼ	ロ	影	リ	分	品	ジ	芸	み	グ	ダ	猟	猟	イ	絵
絵	写	一	ジ	絵	パ	パ	活	ジ	読	味	写	変	数	方	喜
興	法	影	パ	ジ	パ	写	ク	エ	読	ル	ゼ	魔	陶	程	ハ
ジ	真	プ	魔	写	読	影	真	ズ	括	弧	ム	喜	エ	式	び
び	書	読	イ	味	パ	画	読	興	園	ル	無	法	真	画	興
パ	興	ジ	動	画	狩	イ	読	影	読	ゼ	限	因	書	写	リ
偽	リ	興	減	算	パ	法	読	エ	釣	活	狩	量	子	興	び

方程式   括弧
指数   問題
因子   単純化
分数   解決
無限   減算
線形   変数
マトリックス   ゼロ
番号

12 - Plantas

グ	ク	画	釣	陶	ゼ	陶	興	猟	陶	グ	み	パ	芸	喜	ハ
味	影	ャ	撮	ー	画	影	レ	法	ャ	猟	編	編	レ	動	リ
パ	喜	味	キ	ー	パ	ゲ	狩	ダ	ク	り	ク	ゼ	シ	喜	キ
ゼ	読	プ	ク	活	撮	ゼ	物	ダ	プ	法	ャ	弁	花	編	魔
サ	ク	ル	ン	ー	真	キ	絵	撮	ャ	画	狩	苔	魔	編	園
ハ	ボ	喜	レ	ハ	り	イ	編	法	興	キ	リ	ン	喜	リ	パ
ダ	エ	テ	グ	書	レ	ゼ	イ	蔦	ル	絵	味	撮	園	グ	び
狩	植	生	ン	み	園	ダ	魔	エ	イ	編	グ	影	プ	ン	ー
ハ	キ	ハ	法	グ	撮	根	書	ズ	味	品	写	リ	園	ク	リ
リ	読	み	動	釣	パ	葉	キ	編	物	ル	芸	撮	ハ	写	竹
リ	興	び	味	絵	活	パ	釣	ル	興	法	ー	ク	森	リ	ー
絵	釣	植	グ	品	味	ジ	ム	ダ	ン	び	編	木	ム	編	ズ
影	豆	物	フ	肥	料	ン	ゼ	草	ュ	シ	ッ	ブ	味	陶	レ
写	書	学	ロ	狩	写	ク	プ	庭	絵	ベ	リ	ー	動	ャ	園
ラ	ズ	プ	ー	エ	読	レ	読	み	書	プ	レ	ハ	釣	真	画
芸	法	り	ラ	イ	ン	園	法	パ	パ	ー	法	撮	ズ	物	シ

ブッシュ

ベリー

植物学

サボテン

ハーブ

肥料

フローラ

花弁

植生

13 - Veículos

```
絵 狩 シ ハ 興 タ 興 プ ー 撮 ク ム 釣 ハ 陶 園
ン 影 ラ み ゲ ン ク 動 ー 味 芸 び ボ イ ハ 影
救 急 車 ロ ケ ッ ト シ タ 法 ダ パ ー タ リ モ
法 い 転 ジ エ ム 真 リ ー リ ェ フ ト リ 絵 シ
画 か 自 キ グ ト ラ ッ ク ム 画 ジ 物 陶 ハ ゲ
ン だ ゲ 法 ム ャ 魔 ラ ス ジ キ ャ ム 写 み ゲ
キ ャ ラ バ ン 芸 写 絵 ダ 影 絵 芸 タ ズ り シ
魔 キ 影 陶 猟 ダ ル 釣 ム ゲ プ 編 潜 イ 活 ヤ
シ プ 撮 影 ズ ゲ ジ ヘ リ コ プ タ ー 水 ヤ ト
芸 ー ー 真 品 ゼ リ ー ム 撮 芸 シ 活 ー 艦 ル
真 活 ト ル び ジ ハ 品 び 活 園 イ 魔 地 飛 キ
画 狩 ラ プ 動 読 ゲ 編 画 芸 バ り 写 下 行 ン
ラ 興 ク 釣 編 リ ジ エ 読 味 ス 画 編 鉄 機 ズ
読 ク タ シ リ ハ ム ー ラ り レ り 味 シ ゲ み
パ 写 ー ゲ エ 狩 り び ル 陶 プ 画 ル ハ ダ 影
陶 活 書 活 芸 書 ン ジ り 喜 ラ 影 撮 園 品 影
```

救急車	スクーター
飛行機	地下鉄
フェリー	モーター
ボート	バス
自転車	タイヤ
トラック	潜水艦
キャラバン	タクシー
ロケット	シャトル
ヘリコプター	トラクター
いかだ	

14 - Engenharia

```
モ 動 釣 動 レ 陶 シ 摩 釣 ジ 猟 シ 影 分 推 エ
安 ー 影 ル ゼ ム グ 擦 法 ン 建 設 レ 布 進 ネ
定 ク タ ゼ 狩 物 味 釣 軸 書 味 芸 芸 構 造 ル
性 ゲ ゼ ー ジ 直 動 シ み 書 プ 釣 び 園 リ ギ
読 深 さ ィ ハ 径 興 動 ジ 園 ラ 品 画 ジ 真 ー
読 ダ 強 デ ル 魔 興 み 活 プ ン ク ャ ク ジ 液
ズ 品 み シ ン グ ゼ 機 械 ズ 真 法 ン 動 ャ 体
猟 画 編 物 ラ 興 写 釣 真 パ ム 書 狩 レ 釣 画
釣 ク び イ ル エ ハ 写 プ 狩 魔 読 芸 物 喜 画
レ ハ ャ ー レ み 動 ジ ー プ 園 エ ゲ 絵 画 園
真 芸 狩 画 り ジ 品 釣 釣 画 ズ ズ キ ャ 角 キ
物 グ 測 レ ー 動 味 リ 算 撮 ラ ダ 芸 編 キ 写
図 活 定 画 ハ 猟 撮 書 真 真 ル 興 ク 品 喜 園
書 画 エ み 品 ラ 物 陶 レ 寸 ゼ 魔 エ 喜 ャ キ
撮 ン 狩 絵 シ 釣 活 猟 ハ 法 り エ 絵 ズ 角 写
プ ム ズ 真 読 エ キ 影 絵 ク 物 味 読 ン イ 度
```

摩擦	安定性
角度	構造
計算	強さ
建設	液体
直径	機械
ディーゼル	測定
寸法	モーター
分布	深さ
エネルギー	推進

15 - Restaurante # 2

写猫スイパスク写キ麺画猫りイャ編
読物プレム動ズ書ムびジ喜スび法ーン
ク画ータイェウ味写品芸法ー真ゼン真
狩撮ンクエ書フ氷野菜塩魚プグク真ー
ンハ物喜ラ写ル影イ狩品ゲ法書絵ール
園ャゼラジダー椅書芸物興リ釣喜真
真狩物魔キ真ツ子シ喜品真びラ喜クリ
狩ハムエ影ハジケン書り園フォーク芸
味エ編ハダ興喜ー興み写影影活りリシ
ンタ食ジ読釣陶キ法狩品イ撮品りシ水
ダ読釣法みググみみ真園クシ動興ャプ
ランチ活画法ムゲずりゼダ法芸真ラャ
サ前ャ美味しいゼン絵活エ魔レグ撮み
ダ菜味撮ゲ園園シ書動プエ品エラジキ
ズゼ飲ゲレ釣イ書プ猫物法真キみ
ハ読料ゼラ興陶魔ゼ猫リ影りジり

ランチ	フルーツ
前菜	ウェイター
飲料	フォーク
ケーキ	夕食
椅子	野菜
スプーン	サラダ
美味しい	スープ
スパイス	

16 - Países #2

芸 ジ マ イ カ メ キ シ コ イ ゲ イ ラ ダ ン
味 品 ズ ゲ み び イ 味 釣 狩 魔 り ン リ オ タ
影 ナ イ ラ ク ウ 物 活 み ジ ク イ ド ズ リ ス
イ ジ イ キ ダ 物 り 動 ル ル ー パ ネ ゲ 書 キ
シ ゼ ー ジ 園 キ 画 ク ー 味 マ ャ シ リ ギ パ
狩 釣 リ ン ェ レ 撮 み ハ リ ン 法 ア リ マ ソ
物 み 活 猟 り リ ン ジ び ン デ ゼ ニ 味 ハ 魔
ク み ハ り レ ハ ア ハ 味 ー シ 物 バ 釣 書 イ
法 味 味 猟 興 活 イ 書 プ シ リ 影 ル ム ダ み
レ バ ノ ン 動 り 猟 チ 読 読 ア ー ア ゼ キ 法
ラ 物 品 猟 ラ 活 イ ウ り ゼ シ 釣 ン キ 絵 ジ
ン ー ジ ク ジ り ハ ガ 品 品 ロ 品 影 物 ン 動
猟 絵 リ リ 園 ゼ み ン ラ 釣 動 日 ャ フ 書 画
リ 喜 ャ プ 興 園 写 ダ 園 み 釣 本 園 ラ ハ 撮
グ 影 園 活 写 ハ 書 園 ズ ゲ ム エ 画 ン 絵 キ
ア イ ル ラ ン ド 芸 キ レ 読 画 ジ 猟 ス イ プ

アルバニア	レバノン
デンマーク	メキシコ
フランス	ネパール
ギリシャ	ナイジェリア
ハイチ	パキスタン
インドネシア	ロシア
アイルランド	シリア
ジャマイカ	ソマリア
日本	ウクライナ
ラオス	ウガンダ

17 - Material de Arte

```
キ み イ 読 法 動 味 シ 書 み 写 の パ 狩 グ ー
リ テ ル 影 パ 芸 シ 物 活 書 エ 撮 り ル 写 物
真 ー 狩 写 書 ス シ 陶 エ ン 消 園 書 真 興 イ
編 ブ 真 品 狩 ク テ ム ゼ 法 塗 料 ャ ハ 陶 工
イ ル リ ク ア 水 物 ル ゼ ゴ キ 魔 グ シ 喜 物
ゲ ー リ 編 猟 彩 ズ 喜 レ り ム 鉛 筆 ャ 真 絵
ラ キ ゼ 絵 び 画 キ 釣 写 撮 喜 粘 味 真 リ 活
動 み ム ル グ ャ 陶 猟 陶 喜 色 土 ラ エ 興 味
釣 ム 法 ハ ャ リ ハ 味 狩 プ 読 エ 工 影 リ 味
ー 釣 ジ 活 ル イ ゲ イ ゲ シ リ 喜 イ エ ン ム
ゲ キ ゼ ム ン ハ 狩 び 編 芸 ジ イ 興 ン 動 炭
み 魔 狩 絵 物 興 陶 ル キ ダ パ イ 魔 ャ 水 び
釣 動 園 ル ク 喜 物 カ イ 紙 ラ ズ 椅 水 撮 狩
ブ ラ シ 味 写 パ 読 メ ラ ダ 品 物 子 シ ハ シ
リ ズ 書 プ ゲ ル ゲ ラ ジ び 書 ャ び ゲ ン 油
イ ン ク 創 造 性 ャ レ ク ダ 興 び 影 ゼ 狩 油
```

アクリル	創造性
消しゴム	ブラシ
水彩画	鉛筆
粘土	テーブル
椅子	パステル
イーゼル	インク
カメラ	塗料
のり	

18 - Números

撮 び ゲ ー 活 イ 法 ダ 影 ン ル ハ 真 物 興 陶
ン 動 パ び セ ブ ン ティーン 絵 読 芸 パ 猟
ク グ ゲ 園 ジ 書 画 リ 画 エ ム パ ジ 影 ー ゲ
絵 ズ ジ 味 ー 三 味 ハ 撮 ラ 影 芸 シ 活 ャ 興
ル 法 味 読 動 十 芸 八 十 一 パ 芸 品 エ 興 動
園 陶 り 興 グ 味 陶 び り 五 絵 興 ラ レ 編 園
ジ 狩 画 画 ズ 品 十 り 真 一 真 撮 芸 ー 動 狩
ゲ 芸 動 ム ム パ 猟 六 画 ク 味 リ 画 レ ゼ 活
リ 猟 法 ラ ダ 写 編 味 法 ズ ャ イ ク 影 編 ー
び 影 ズ ー ー リ ダ 芸 物 芸 影 写 品 書 編 真
真 ゲ 喜 り 編 園 び 真 び 法 ハ 編 釣 イ 味 書
猟 十 芸 陶 書 真 法 絵 活 シ 興 ハ ャ ラ 四 び
り 四 真 ゲ ム 画 法 ク シ パ 小 狩 ク プ み 画
み 写 読 陶 絵 セ ブ ン ズ グ 数 動 喜 魔 ゼ ハ
ャ 法 喜 九 キ キ ニ ク 真 喜 ゼ ー 絵 品 書 ゼ
真 ズ ラ シ ー 写 リ 魔 プ ク 興 編 ジ ニ 十 ロ

小数　　　　　　十五
十六　　　　　　セブン
セブンティーン　　十三
十八　　　　　　二十
十二　　　　　　ゼロ
十四

19 - Física

```
ン 読 ハ み ラ 核 物 ン 書 画 喜 味 ル 重 イ プ
ン 質 芸 写 シ び 味 喜 リ ー 動 品 ラ カ 撮 み
ゲ 量 り 活 法 撮 ダ カ ラ ク 喜 法 り リ ー シ
法 ラ 粒 子 読 ー 化 学 エ ル ク 釣 ハ ハ ー 喜
ユ 分 喜 写 芸 物 学 園 ン 速 度 ム ゼ パ み レ
ニ 子 ハ 影 ル プ 薬 ダ ジ 芸 プ ム ャ ラ ル 芸
バ 相 対 性 理 論 品 物 ン 釣 園 陶 ル 磁 ン 影
ー 釣 リ 読 絵 ル ラ 編 密 び ハ イ り り 気 ガ
サ プ 喜 法 グ 式 エ 動 ダ 度 電 子 法 パ 芸 ス
ル 動 ー 園 書 魔 芸 ル エ シ 興 書 キ 釣 絵 味
プ 活 芸 写 ー 写 ラ 影 絵 撮 ム 書 動 品 プ 法
狩 周 ラ プ 読 物 り ラ ー ム リ ダ 品 び 園 ャ
編 波 ク 加 速 影 ャ 動 キ ラ 興 狩 ン 物 写 芸
原 数 グ シ ズ 混 沌 ゼ 陶 ズ 興 ン 芸 喜 ラ パ
子 キ パ ー ハ 味 撮 ク り 画 ズ ラ 釣 陶 ン レ
興 興 画 喜 活 レ 喜 ャ 陶 ン シ ャ ク 読 ク ム
```

加速	質量
原子	力学
混沌	分子
密度	エンジン
電子	粒子
周波数	化学薬品
ガス	相対性理論
重力	ユニバーサル
磁気	速度

20 - Especiarias

ル活グコショウ苦陶魔ン芸びラレンズ
動狩影ンシ読イゼいルャキ物りカズジ
園キ猟園狩読りエ草グダりみ興レイ
ショウガ活イハ読甘ナーパリ魔ーグ
クリリリパズハパいツク狩ラりワパ
動写イ編写びズ品みメ喜ミ画ハサグ
ゼ狩画エダ猟リ撮魔グ味狩ン味ラ猟
ールハズレエムク真クム魔カラニバ
動ャ狩読フエシ編プズハ真ル法フダ
コ味園味ェイダク活影ー編ダー芸サ
リリプシン興活ニ真写びジ狩ズゲ
ア撮ゲダネゼパン魔リ陶撮ン塩シ法
ンびズル物編ニゼールアニスナ画
ダ物プ撮グ陶りク法パ画活パ魔モキ
ー編エ絵玉葱読影動リ真レ品ハり
動イ魔猟ダ写興真撮りダゼキャ味写

サフラン	カレー
甘草	玉葱
ニンニク	コリアンダー
苦い	クミン
アニス	甘い
サワー	フェンネル
バニラ	ショウガ
シナモン	ナツメグ
カルダモン	コショウ

21 - Países #1

```
り ド ブ 法 ニ ジ 書 絵 写 物 興 動 釣 狩 ラ 芸
ド ン ラ ー ポ カ 釣 ク シ び プ 画 ム パ ナ マ ダ
ン ラ ジ ェ 動 プ ラ 法 品 ト レ 写 絵 絵 動 ダ エ
ダ イ ン ル ウ 味 法 エ グ 陶 プ 法 喜 ゼ 喜 物 品
法 ィ エ ル び ム ズ 絵 猟 撮 プ ボ 興 カ 芸 エ ゼ
品 フ ラ ノ 影 釣 ネ 猟 パ 影 画 興 イ 芸 ゼ 狩 び
ハ ゲ ス ラ キ 書 べ 猟 り 真 ハ 編 読 ハ 物 興 園
シ リ イ 動 み 画 猟 グ ダ ジ 書 読 ズ レ 写 真 活
エ 写 味 魔 ゼ ハ ツ イ タ リ ア 影 狩 読 イ 猟 活
モ 画 り 釣 動 味 イ タ リ ア 影 狩 読 イ 猟 セ
写 ロ 画 リ 狩 芸 ド ス 味 読 ー ク 魔 ラ プ ネ
ル ゼ ッ キ ゼ 写 狩 ペ 法 喜 ジ 写 活 ク 動 ガ
パ ジ プ コ み ク キ イ 撮 パ 動 読 り 写 ゲ ル
喜 カ エ ク ア ド ル ン 狩 イ ゼ 編 魔 ャ マ リ
グ 画 ナ 狩 釣 ク 編 キ 活 シ 画 陶 ゼ 絵 リ
書 魔 物 ダ 園 ム ム 書 読 釣 ゼ ク 写 ー 絵 リ
```

ドイツ	イタリア
ブラジル	インド
カンボジア	マリ
カナダ	モロッコ
エジプト	ニカラグア
エクアドル	ノルウェー
スペイン	パナマ
フィンランド	ポーランド
イラク	セネガル
イスラエル	ベネズエラ

22 - A Mídia

狩	個	物	ル	影	イ	活	編	ン	オ	動	物	り	芸	影	レ
法	シ	人	魔	プ	み	プ	影	ハ	書	ン	ム	ハ	エ	品	リ
レ	ン	ハ	プ	び	ー	パ	エ	動	業	ラ	事	実	知	真	プ
ー	ル	網	ン	ハ	キ	教	育	園	態	界	活	イ	的	絵	編
ル	通	信	キ	陶	興	動	デ	ジ	物	度	喜	動	興	意	品
園	シ	通	び	ジ	味	ラ	芸	タ	エ	ー	イ	資	影	興	キ
グ	ハ	品	グ	絵	ゼ	ル	ー	ル	カ	ー	ロ	金	意	品	編
ー	ル	猟	ジ	園	喜	グ	物	び	編	味	活	調	見	興	り
釣	版	ジ	猟	読	パ	ル	画	プ	レ	ラ	シ	達	法	プ	ク
陶	動	び	品	エ	品	興	撮	キ	ー	喜	ハ	ャ	ル	ク	レ
画	シ	リ	画	ゼ	ャ	み	公	共	ク	味	ゲ	園	テ	レ	ビ
シ	り	編	園	真	絵	ラ	イ	影	真	ゲ	パ	り	動	み	み
プ	プ	狩	喜	び	芸	ジ	グ	ゼ	真	狩	ゲ	キ	味	パ	画
ズ	び	グ	ラ	ジ	オ	狩	み	ク	キ	真	陶	狩	品	グ	ム
イ	魔	絵	猟	編	イ	ル	商	ャ	み	物	ャ	画	写	グ	ハ
活	シ	法	園	釣	読	魔	業	ク	新	聞	興	影	真	ン	活

態度	知的
商業	新聞
通信	ローカル
デジタル	オンライン
教育	意見
事実	公共
資金調達	ラジオ
写真	通信網
個人	テレビ
業界	

23 - Casa

```
陶屋釣興猟写絵りープ画猟シ芸リ陶
絵根イ絵みゲ読シジ天井ャびャ狩撮
編裏鏡イ書イ影釣興芸ズゼ品びワシ
み園園レ庭カキ写キッチンゲパ読ー
ズ読読品みーみン窓みダ絵動ラ芸キ
ルイ画リ品テ部絵喜釣絵壁ダルり影
編ズ家動蛇ン屋動ププリ魔物ほ活暖
図書館具ロラグみ物撮リキゲう喜炉
み喜りハ味ラ読陶味絵キ魔ガき品絵
動読影動シ味品み書動編ゲハレ芸ム
狩真真ク読画ャ活ム活読陶読ジー猟
読活園ム味画ク書びびジフェンスジ
ゼル釣読品み撮喜ャリゲ法りクラ読
ハ活ムムりリ猟陶味リキ法画猟パ書
芸り写ダ真興パーハプみ編物ムャハ
み喜レドア読猟狩りキハ陶園グ味ン
```

図書館	家具
フェンス	ドア
キー	部屋
シャワー	屋根裏
カーテン	ラグ
キッチン	天井
ガレージ	蛇口
暖炉	ほうき

24 - Vegetais

```
レグズダアかぼちゃシ魔ニり園ャズ
狩編絵芸興一動陶園狩芸ンクレダ書
みジセズ活リテゼ茄画味ニ狩編絵リ
撮パ猟ロジコ味ィ子写猟ク狩味物ウ
ル魔影グリッエサチ写動ズーン玉ュ
ハ活キリセロシラほョ絵法喜りキキ
ハハムゼパブャダゼう一活イ法玉ノ
レみル撮画編ロャ法動れクリパ葱コ
ゲクパ芸一絵ッグ撮喜編んリズレシ
エ動だン品ルトカ魔影ズキ草狩リョ
興ムい品リマブハ読撮パにゲリウ
イ物こダ法一ト撮絵ルジン品クガ
編興こんク狩エりキもャじ活ガ
編絵ゼ猟ハびハ魔エンドウん撮グ編
品ジ編ゼシり動品園写猟みグ品動撮
ラ真猟影狩写書キみ法ルムズ園狩ハ
```

かぼちゃ   キノコ
セロリ   エンドウ
アーティチョーク   ほうれん草
ニンニク   ショウガ
じゃがいも   カブ
茄子   キュウリ
ブロッコリー   だいこん
玉葱   サラダ
にんじん   パセリ
エシャロット   トマト

25 - Balé

```
喜 レ 動 リ 魔 ク り 書 プ 品 表 リ 猟 レ 読 狩
撮 バ り 画 ズ ジ ェ ス チ ャ ー 現 ダ 書 プ ダ み
画 レ 真 エ ー ム 撮 ル 陶 芸 術 的 力 法 ゲ ハ か プ
作 リ 興 ダ ダ ー 音 品 ス 書 技 リ 豊 釣 ハ ダ な ゼ
曲 ー プ ズ イ ル 楽 品 キ 陶 品 興 ル り ダ 魔 な
家 ナ ャ 品 ズ ン ル ズ ル サ ー ハ リ 芸 味 ゼ
イ 喜 猟 読 ハ ゼ 園 振 絵 プ 物 ハ 撮 書 イ 動
プ ズ り ゲ 陶 ジ 画 り 強 度 法 喜 キ 書 絵 ラ
園 練 ダ ン サ ー シ 付 ゲ ャ 法 パ ゼ ー 撮 シ レ
動 習 読 パ 猟 ャ リ け 猟 編 猟 物 品 撮 シ シ
編 芸 ジ 真 芸 絵 ズ 興 レ ム り 読 ソ ロ シ
ン ー 編 絵 狩 ス タ イ ル 書 グ 狩 ゲ 芸 魔 拍
写 ゲ 編 猟 ズ ズ 法 ゼ 筋 撮 み 味 ダ グ 品 手
ゼ プ 物 ゲ 興 エ 品 写 陶 肉 狩 プ 動 編 り ー
ー ャ パ 猟 オ ー ケ ス ト ラ プ 狩 ー ゲ 活 真
編 法 読 味 喜 ジ 陶 釣 興 猟 喜 画 陶 ズ ゼ イ
```

拍手	スキル
芸術的	強度
バレリーナ	筋肉
作曲家	音楽
振り付け	オーケストラ
ダンサー	練習
リハーサル	リズム
スタイル	ソロ
表現力豊かな	技術
ジェスチャー	

26 - Adjetivos #1

遅リ読味撮魔味エキゾチックイ同品
芸い猟釣ゼム狩動ラ活猟ズ法影イン
狩法味プル猟活ャ画モイ物ズリプンン
イ物薄芳大巨園園ダグ絵イ喜深芸味
ンズグ族正き魔魔エみーゲ刻味味
猟ズグ族直い編パラダエャ喜ズイ編パ
リ物薄読興暗法釣編影活ルー活味パ
品ルジ読興暗な狩興読シ編狩絵シ芸動
真完全寛大ラ真レ陶写ラ芸術的動ゲ
ゲィャレ法的真ゼ書味イ陶ゼ法力園
クエキゼン狩魔狩ル撮ル猟工魅真画
書ジ重狩陶シ芸びエ絶対ジ
シググみゲりラーク みレキイゲ芸
猟一品一レキャりゃゲゼ影シ重芸芸
ゼグハ園エゲ狩物園ダキラいキズ
キ写書び写興ゼ園ンエエラ猟ゼりり

絶対	正直
芳香族	同一
芸術的	重要
魅力的	遅い
巨大な	神秘的な
暗い	モダン
エキゾチック	完全
薄い	重い
寛大な	深刻
大きい	貴重

27 - Paisagens

園 オ ア シ ス 海 ツ レ ダ ル プ 芸 絵 び 活 喜
写 ジ ル 影 画 レ ン ジ ム 動 活 レ み 撮 絵 ン
猟 リ 撮 ハ 編 魔 ド ゲ 影 ズ 半 島 プ び 魔 動
ム ム ク 撮 湖 川 ラ パ ダ び パ ダ 画 リ ン パ
喜 ズ 真 ラ パ ズ み 影 法 ダ 書 ハ 興 芸 園 魔
動 法 ル ク レ 活 谷 絵 動 ズ 写 み キ 河 り 陶
真 ャ 興 狩 ズ 猟 動 読 り ク ャ グ 山 氷 真 ビ
海 洋 ャ 沼 ー ム キ シ ク び 物 パ 火 ク 味 ー
喜 品 洞 写 プ プ り 興 興 動 味 ズ リ キ り チ
書 び 陶 窟 ム 書 読 ー 釣 み ク 味 ム 味 パ 魔
ゲ び 芸 グ 味 リ ャ 釣 ー 喜 エ 画 レ 影 画 真
ダ ハ り 撮 滝 ゲ エ 絵 丘 品 リ ャ 芸 味 法 ダ
ジ 影 喜 絵 エ ダ ム レ イ プ ダ 魔 猟 ー 品 ダ
り レ ジ 書 撮 ン キ 撮 編 陶 芸 ラ 一 イ 喜 レ
法 ジ 品 ハ 読 リ 島 ジ 興 砂 釣 法 ゼ 品 編 画
真 ゲ 活 写 喜 レ 読 撮 湾 漠 ゼ 編 写 キ 陶 動

洞窟	海洋
砂漠	半島
氷河	ビーチ
氷山	ツンドラ
オアシス	火山

28 - Nutrição

```
ン み 書 書 リ ル ラ 芸 動 書 書 ダ 味 ク ン ゼ 読
ミ ス 真 ゲ ゲ 興 ラ 喜 炭 レ ゲ ジ イ ル ジ 読 狩
タ ン パ ク 質 ク 読 狩 水 化 グ イ グ 法 エ 釣 狩
ビ ラ 液 体 ソ 編 芸 り 化 狩 グ 芸 魔 ル ッ ゲ ト
芸 バ グ プ ー 毒 ム 味 物 み 書 絵 ズ ン み ト み
魔 リ 動 ゲ ス 素 キ 書 キ 写 喜 味 味 ー パ み 喜
品 エ 活 動 画 養 法 ラ 元 発 酵 狩 り 真 ー 喜 化
魔 園 書 ー 撮 栄 レ 苦 い 気 カ ロ リ ー 消 化 り
物 真 び ジ プ ゼ 品 園 ム ン リ ン び 法 リ り 絵
び り ム 書 魔 芸 狩 質 ジ 品 法 ゲ ク 釣 り 絵 興
喜 狩 撮 書 影 ン 撮 ジ 活 絵 ー み 動 ー 興 ラ 魔
ャ イ 興 び ン 欲 食 物 狩 陶 重 狩 プ 陶 魔 ラ 釣
喜 動 プ ャ イ 陶 用 絵 ャ 撮 さ 芸 品 ャ 写 釣 魔
読 ク び 健 読 物 ズ 芸 シ み 喜 興 レ ダ ゼ 魔 釣
興 法 ラ 康 プ 法 り ゼ み 釣 陶 書 画 ハ ー 釣 パ
釣 撮 園 り 物 芸 法 ダ レ 喜 び み 興 ー レ パ
```

苦い	ソース
食欲	栄養素
カロリー	重さ
炭水化物	タンパク質
食用	品質
ダイエット	元気
消化	健康
バランス	毒素
発酵	ビタミン
液体	

タ	狩	狩	ゼ	ャ	ル	活	読	水	プ	活	み	真	釣	ズ	園
ラ	ー	ム	画	モ	ゼ	ジ	影	素	絵	ャ	プ	グ	み	ラ	書
パ	ピ	ビ	業	界	ー	ー	動	編	み	ク	パ	ズ	影	ル	ー
狩	ロ	ラ	ン	猟	ィ	タ	絵	炭	品	熱	再	光	子	釣	イ
シ	ト	真	リ	シ	デ	ム	ー	素	芸	撮	生	猟	ク	風	陶
ダ	ン	ダ	ソ	グ	品	書	動	エ	電	太	可	エ	み	ン	味
活	エ	撮	ガ	狩	ゼ	魔	ャ	動	池	陽	能	燃	グ	法	り
活	ル	パ	パ	ゲ	シ	絵	猟	エ	り	ャ	物	料	パ	魔	法
編	画	イ	喜	釣	プ	プ	喜	ハ	興	釣	シ	撮	ャ	真
汚	染	品	ー	パ	ダ	ー	イ	ム	ジ	核	び	真	環	園	境
喜	イ	猟	書	パ	ー	プ	ハ	ジ	ズ	ル	動	読	影	キ	パ
狩	パ	ク	狩	真	ン	レ	ル	シ	活	ハ	ゲ	ン	ゲ	パ	ジ
り	物	気	撮	ゲ	ム	ラ	物	狩	読	魔	絵	プ	ム	猟	び
ー	レ	電	子	園	リ	影	ズ	ャ	活	釣	ダ	物	シ	書	狩
動	活	ン	喜	グ	レ	興	陶	狩	画	味	グ	編	み	ン	イ
猟	編	影	品	キ	撮	真	ハ	キ	影	ダ	み	興	プ	び	写

環境	ガソリン
電池	水素
炭素	業界
燃料	モーター
ディーゼル	汚染
電気	再生可能
電子	太陽
エントロピー	タービン
光子	

30 - Disciplinas Científicas

読	気	生	品	び	書	法	ラ	活	芸	考	古	学	ー	キ	読	
動	象	態	シ	リ	パ	書	園	ル	喜	パ	ム	書	び	ネ	シ	法
猟	学	学	力	熱	生	理	書	リ	興	ハ	心	興	園	シ	オ	天
生	プ	物	グ	シ	シ	撮	釣	活	ン	写	絵	理	法	オ	ロ	文
ル	化	鉱	ン	ズ	プ	画	絵	書	レ	陶	狩	ゼ	学	物	ジ	学
イ	イ	学	語	言	り	ン	物	ー	ゼ	真	猟	魔	物	ジ	ー	絵
ク	喜	影	物	ゼ	写	魔	園	影	ャ	工	真	生	ー	動		
写	喜	ム	シ	植	釣	物	び	ー	リ	プ	ズ	び	ラ	絵	真	
絵	プ	ク	品	動	品	陶	解	ャ	ー	画	ラ	パ	ク	撮	画	
書	グ	写	グ	園	影	ゼ	剖	影	猟	読	パ	ー	キ	絵	リ	
工	撮	狩	読	真	絵	プ	学	ク	写	ズ	免	疫	学	レ	真	
動	み	ゲ	撮	パ	ジ	グ	ダ	レ	ン	写	釣	ラ	絵	ム	編	
化	学	り	品	ル	動	ン	ハ	神	経	学	イ	編	ダ	園	ン	
動	活	喜	釣	活	物	ハ	び	キ	ラ	ダ	芸	地	質	学	陶	
ゼ	真	社	会	学	学	喜	狩	ー	ャ	キ	芸	リ	キ	ゲ	レ	
絵	味	ゼ	興	ゲ	魔	動	ン	園	撮	レ	シ	イ	ゲ	ン	り	

解剖学	免疫学
考古学	言語学
天文学	気象学
生物学	鉱物学
生化学	神経学
植物学	心理学
キネシオロジー	化学
生態学	社会学
生理	熱力学
地質学	動物学

31 - Meditação

陶	ゲ	芸	イ	書	撮	プ	書	書	ラ	画	ジ	び	狩	ム	釣
ク	ク	物	読	ャ	物	イ	真	感	り	キ	シ	書	真	活	ジ
動	パ	レ	み	エ	プ	ダ	謝	パ	読	姿	撮	音	楽	ダ	物
編	編	読	パ	ズ	味	読	味	動	ャ	勢	メ	ー	注	意	書
読	イ	プ	ズ	味	品	工	読	ム	絵	影	教	ダ	ン	タ	イ
品	ダ	ル	影	真	ゼ	ゲ	書	品	ハ	ダ	え	ハ	ゲ	ル	
ズ	編	物	ラ	撮	シ	ぜ	り	法	ゼ	ム	ー	写	物	習	慣
芸	ズ	陶	受	け	入	れ	ジ	リ	り	画	魔	釣	ー	真	
感	ン	動	親	ダ	ゼ	ダ	パ	ー	ス	ペ	ク	テ	ィ	ブ	レ
魔	情	ン	切	影	ー	自	然	園	喜	写	活	ゼ	書	読	明
ル	ハ	り	撮	動	マ	思	撮	ム	釣	ジ	猟	プ	芸	り	快
読	り	魔	絵	ダ	喜	イ	考	思	い	やり	平	和	り	撮	
イ	釣	真	シ	リ	シ	ン	リ	園	陶	プ	魔	活	イ	プ	味
ル	リ	喜	釣	エ	グ	ド	ル	狩	動	魔	法	工	動	編	ン
観	察	味	ン	ム	影	陶	芸	ジ	画	芸	園	編	ン	ム	み
ダ	芸	ゼ	猟	写	キ	陶	イ	画	ル	沈	黙	リ	ジ	キ	

受け入れ   マインド
注意   動き
親切   音楽
明快   自然
思いやり   観察
感情   平和
教え   思考
感謝   パースペクティブ
習慣   姿勢
メンタル   沈黙

32 - Artes Visuais

芸 写 真 ゲ 魔 ダ ル 動 リ 味 味 り ゲ 陶 味 ズ
リ プ キ ン ー プ 魔 り エ 絵 喜 ジ 読 狩 シ 喜
レ 画 み ハ ン 影 編 ー ン 影 影 陶 り 釣 ゲ グ
活 動 ル び 品 撮 読 パ 読 喜 ズ 陶 ク 狩 鉛 釣
アー ティ ス ト 芸 トー レ トー ポ 映 筆 味
釣 真 写 法 ジ プ 撮 芸 レ ス 写 ゼ レ 画 ー 興
創 造 性 活 書 ム み ジ ス ズ ペ 物 イ 絵 レ パ
ワ 喜 絵 ジ 炭 シ 法 物 テ 書 パ ク ー ョ チ ジ
グ ッ ズ 物 物 絵 法 読 ン 釣 写 ダ テ 興 影 ゲ
み ゲ ク ズ ダ 魔 書 絵 シ り ラ ズ 陶 ィ 読 ズ
ラ 味 編 ス 傑 作 彫 編 ル 動 び エ ク ャ ブ 魔
狩 ム 画 読 写 レ 刻 ズ ゼ 品 プ ャ 興 プ り 園
イ リ ペ ゼ 芸 り ゲ 活 ー 狩 画 パ 写 ハ 影 品
品 画 ン レ 粘 ー 猟 画 イ イ ル ラ 活 ク 真 ン
法 動 び 建 土 ム パ ダ 芸 ン び 構 活 画 影
魔 活 絵 ズ 築 ワ ニ ス 品 ゲ パ 法 成 活 イ 味

粘土　　　　　　　　　映画
建築　　　　　　　　　写真
アーティスト　　　　　チョーク
ペン　　　　　　　　　鉛筆
イーゼル　　　　　　　傑作
ワックス　　　　　　　パースペクティブ
構成　　　　　　　　　絵画
創造性　　　　　　　　ポートレート
彫刻　　　　　　　　　ワニス
ステンシル

33 - Instrumentos Musicais

書グ法法タ味真画び編興クレ読写ハ
マンドリンンピン写園法影ジ猟サ編
キゴプ画ハ画バアグ画書猟ラグッジ
ラ興画編活プ読リノ芸動バパークシ
陶工園マャプラリンーボンロトスオ
ャ影読リパーカッションジェハジー
みびゲン活ハみズ物味法ョチ法プボ
猟ジ動バズ魔絵写ゲ味ダー影狩グエ
編読ギ魔クエル興写みク読陶真画プ
ムりタ猟ー画ジ活真影動ラン画イャ
レ書ートッゴァフ園影園ャリ味法シ
レームランド喜芸イ書真読陶リネ物ー
活動読ンリオイバンズグび陶レッル
味狩イペハーモニカ陶法編ムー魔ト
ジ写キッル活書猟ジびキ陶ク撮ル真
物ル味トールフ画みび写編絵真ズム

マンドリン	タンバリン
バンジョー	パーカッション
クラリネット	ピアノ
ファゴット	サックス
フルート	ドラム
ハーモニカ	トロンボーン
ゴング	トランペット
ハープ	ギター
マリンバ	バイオリン
オーボエ	チェロ

ジ	ル	グ	品	画	野	パ	真	撮	ン	品	オ	ゲ	写	撮	ジ
ム	画	パ	ホ	シ	生	ナ	ハ	絵	画	び	ー	法	元	気	品
ゲ	ズ	ド	ッ	テ	フ	ギ	チ	誇	り	ゼ	セ	編	物	魔	み
ク	魔	ム	ト	り	園	グ	ア	ュ	ピ	ト	ン	ガ	レ	エ	ジ
絵	リ	ン	写	ゲ	ジ	動	興	猟	ラ	真	テ	画	ク	編	物
芸	ダ	エ	強	い	白	面	ラ	ム	法	ル	ィ	喜	シ	キ	読
ズ	パ	ダ	イ	ラ	ド	エ	興	絵	写	ー	ッ	狩	ダ	ン	ン
芸	芸	写	ム	テ	ャ	影	エ	真	レ	生	ク	芸	動	ゼ	活
猟	ー	画	活	絵	ィ	レ	新	動	物	産	喜	シ	ル	プ	イ
物	パ	影	ハ	グ	撮	ブ	着	イ	興	的	ゼ	キ	シ	活	物
動	ャ	ゲ	り	写	喜	ダ	エ	活	ー	動	ゲ	喜	説	明	法
ャ	み	園	書	パ	グ	絵	品	正	ー	ク	品	書	り	物	み
猟	釣	狩	活	ン	物	ク	シ	常	味	み	ャ	読	グ	み	興
撮	ャ	猟	プ	ム	ラ	魔	芸	ハ	影	書	パ	真	責	ー	ン
び	味	絵	法	物	キ	レ	ゲ	写	ャ	プ	り	読	ム	任	撮
有	名	な	塩	辛	い	ム	イ	絵	ズ	シ	陶	狩	品	ダ	者

オーセンティック	新着
クリエイティブ	誇り
説明	生産的
ギフテッド	ピュア
エレガント	ホット
有名な	責任者
強い	塩辛い
面白い	元気
ナチュラル	ドライ
正常	野生

35 - Roupas

品法帽狩編り法ズルサび釣狩ブ編ャ
グ画子ブクみエ陶シンみ書ーレり興
セりゲラ撮法シ法シダシ園写スレド
ーレルウりズ絵シルル興味狩レ靴キ
タ影ジスゲ写陶釣プ編ズ画りトャ下ダ
ーゲ陶ーネックレスキ活ゲンシーケゲ
物魔ダエン靴釣ス画物ンプシーケゲ動
興活絵狩プズパカル狩パみ活コット喜
味ク編写園ロ写ーハ釣ジ真グズトプ
陶法書ルダ影ントャ撮ャ魔動動ルベ絵
キズ活興釣ョジ猟りマキ真ジラキゼ
味書クパリ撮ンジゼ興陶ル活編ラ法園書ゼ
猟グイ興撮シ絵み画み喜猟法園キゼり
ンりり影真ルァンジ動手喜法キゲ書ムエリ
ゼーみ魔ラ活フ動魔袋グ絵ムパムシ
ジキリープン喜ンダパンツャシエリ

エプロン	手袋
ブラウス	靴下
パンツ	ファッション
シャツ	パジャマ
コート	ブレスレット
帽子	スカート
ベルト	サンダル
ネックレス	セーター
ジャケット	ドレス
ジーンズ	

```
植 釣 ハ り ー 園 ー ハ サ フ ラ ン ニャ 芸 ク
ム 物 び 味 ズ グ 園 狩 ゲ ズ 法 ゼ ン 味 み 釣
喜 釣 写 狩 有 画 キ 法 芸 ム 釣 陶 ニ レ 物 リン
パ セ リ 猟 釣 益 陶 喜 物 釣 び 陶 ク 陶 魔 ン
ダ 園 ラ 影 写 工 影 ル 活 み ン 法 ラ ハ ン ゲ
芳 品 猟 シ 写 絵 び 編 ズ 緑 バ 物 編 品 リ グ
香 猟 法 芸 ャ ム 猟 画 写 ハ ジ 成 分 法 ン ム
族 花 真 み 園 ム 法 エ ハ 猟 ル ク 庭 魔 画 書
書 コ イ ハ ル ン 品 質 ダ 品 ゼ ズ 魔 物 読 ラ
味 物 リ レ リ イ ム ラ ョ ジ ー マ 魔 び び 陶
ム ラ 釣 ア 陶 味 イ ベ 書 ー 喜 興 り ズ ク グ
エ ャ パ ン ジ タ ン ン 品 猟 プ 編 プ ゼ 興 イ
ャ レ 猟 キ ゴ ダ ー ダ 読 影 物 猟 陶 真 レ
り ズ 品 園 ラ ゲ ー リ マ ズ 一 口 写 リ 画
ハ 法 ル レ タ 活 ジ ム 活 パ ズ 釣 絵 ン パ 影
ー イ フ ェ ン ネ ル ラ 動 ン 興 ジ 興 ラ プ 動
```

サフラン	成分
ローズマリー	ラベンダー
ニンニク	バジル
芳香族	マージョラム
有益	植物
コリアンダー	品質
タラゴン	パセリ
フェンネル	タイム

37 - Arqueologia

釣	絵	物	品	プ	イ	プ	ム	興	品	ャ	ク	み	キ	み	レ
ル	ジ	魔	プ	ダ	興	ム	評	ラ	書	ハ	プ	芸	品	活	び
絵	法	び	グ	ジ	喜	レ	画	価	猟	イ	ム	ズ	陶	書	キ
リ	ハ	活	リ	り	影	猟	ミ	ス	テ	リ	ー	グ	パ	写	び
ゲ	魔	り	写	ゲ	ラ	芸	興	教	授	ハ	チ	寺	子	孫	イ
ゲ	撮	喜	リ	び	釣	書	芸	写	時	代	ム	ー	狩	読	ゼ
活	ン	シ	読	シ	ー	ハ	び	ン	猟	り	研	エ	り	ゼ	芸
猟	画	絵	編	法	ジ	絵	シ	ゼ	味	味	究	み	ン	陶	ー
猟	ル	真	り	画	ダ	真	釣	シ	分	キ	者	活	骨	編	法
ー	法	忘	魔	ク	リ	ゼ	グ	絵	析	専	門	家	画	リ	グ
ハ	ム	れ	ル	シ	園	撮	び	り	画	撮	活	イ	狩	ゼ	り
ラ	撮	ら	イ	イ	猟	魔	ン	活	読	文	ム	読	編	魔	ン
読	画	れ	影	ラ	興	書	ー	ー	興	明	書	興	グ	真	ズ
書	ー	た	ダ	品	ゼ	魔	キ	味	グ	不	釣	猟	魔	り	ム
陶	器	オ	ブ	ジ	ェ	ク	ト	ゼ	読	味	シ	遺	物	エ	品
喜	ャ	シ	興	ラ	ャ	ラ	ジ	グ	編	年	リ	化	石	墓	ダ

分析	専門家
評価	忘れられた
陶器	化石
文明	研究者
子孫	ミステリー
不明	オブジェクト
チーム	教授
時代	遺物

38 - Esporte

猟	パ	パ	り	品	最	魔	栄	養	釣	園	興	ジ	ク	み	影
ン	健	ン	狩	キ	大	体	画	キ	動	ク	編	エ	ハ	釣	グ
読	康	イ	書	猟	化	ズ	クン	魔	り	興	喜	味	興
動	リ	書	釣	動	芸	動	編	味	ダ	スゲ	ダ	ダ	強	さ
影	撮	ゲ	ラ	法	イ	動	筋	ラ	イ	真	ポ	チ	ズ	興	活
撮	ゼ	狩	ゴ	み	興	び	肉	ラ	エ	ジ	グ	ー	品	レ	活
動	ジ	骨	ー	書	ム	プ	シ	ム	ッ	リ	ョ	コ	ツ	ジ	グ
法	ダ	ム	ル	書	絵	チ	ッ	レ	ト	ス	法	ギャ	ム	影
み	撮	エ	猟	読	ダ	ン	シ	ン	グ	み	キ	真	ン	ラ	興
キ	写	ム	ラ	動	エ	撮	釣	ー	ン	真	キ	書	真	グ	園
書	読	影	ン	影	ン	法	び	芸	リ	読	味	法	パ	ロ	パ
レ	写	園	代	ゲ	ハ	撮	ゲ	シ	ク	シ	ゲ	魔	動	プ	魔
能	魔	ー	謝	書	活	ズ	パ	園	イ	グ	物	陶	狩	釣	魔
パ	カ	シ	み	猟	猟	園	ー	書	サ	写	魔	ム	撮	編	ク
キ	画	法	猟	興	撮	興	活	興	シ	読	法	パ	猟	レ	活
レ	ラ	動	喜	リン	画	ア	ス	リ	ー	ト	喜	ズ	シ	画

ストレッチ
アスリート
能力
サイクリング
ダンシング
ダイエット
スポーツ
強さ
ジョギング

最大化
代謝
筋肉
栄養
ゴール
プログラム
健康
コーチ

39 - Agronomia

ャ	写	シ	喜	活	活	汚	狩	園	ル	品	リ	プ	び	エ	撮
環	境	書	グ	ジ	ン	活	染	法	猟	ジ	ラ	エ	ゼ	ハ	興
活	パ	科	イ	グ	撮	ゲ	品	物	レ	み	植	物	パ	イ	読
ク	エ	キ	学	態	生	陶	ー	読	肥	イ	キ	興	グ	画	リ
園	リ	ジ	ン	釣	魔	活	ジ	ク	園	料	生	動	喜	パ	ム
味	ク	品	ゲ	法	有	キ	グ	プ	絵	釣	産	物	パ	ズ	プ
持	続	可	能	シ	機	ク	イ	編	レ	ゼ	ー	エ	野	菜	園
ハ	ジ	興	ゲ	ス	ゼ	編	ダ	リ	ジ	陶	グ	ネ	狩	ク	ハ
猟	ル	エ	ジ	テ	ム	絵	グ	グ	み	狩	ル	影	読	魔
み	ズ	猟	喜	ム	ム	ゼ	ン	田	舎	ム	真	ギ	活	絵	み
動	品	ャ	陶	り	園	読	真	編	み	ム	農	ー	ゼ	法	絵
プ	陶	釣	ラ	成	長	病	読	ダ	魔	レ	業	園	撮	画	猟
ン	ク	り	プ	芸	工	気	ラ	パ	魔	ャ	エ	エ	侵	シ	キ
読	エ	プ	種	水	活	興	興	芸	画	読	ラ	ャ	食	喜	プ
狩	書	狩	子	び	ゲ	猟	ズ	り	書	狩	イ	ハ	品	動	び
動	キ	ク	プ	写	土	パ	ー	猟	興	園	釣	ダ	ゲ	イ	ン

農業	野菜
環境	有機
科学	植物
成長	汚染
病気	生産
生態学	田舎
エネルギー	種子
侵食	システム
肥料	持続可能

40 - Frutas

```
ア プ リ コ ッ ト ジ ゲ 画 ジ 猟 エ 画 影 影 ベ
品 法 動 陶 狩 シ ャ 撮 品 ゲ イ ズ 編 ブ 法 リ
梨 り レ イ ウ キ 喜 パ 物 書 ダ り 桃 ラ リ ー
猟 狩 活 み チ キ 絵 ム ジ ジ ル 動 釣 ッ 影 リ
釣 ゼ 興 ル レ ジ ア ボ カ ド 味 キ ゼ ク ハ ェ
園 ン 画 ハ 動 画 ク ム ア ツ 陶 ズ 物 ベ 書 チ
オ レ ン ジ ネ ク タ リ ン ッ 写 物 画 リ 狩 写
パ イ ナ ッ プ ル バ ナ ナ ナ プ 動 ャ ー パ 真
び ク 興 ム 編 ゲ び ム 写 コ ゲ ル 写 ゴ シ ラ
ャ ャ リ ズ 法 法 画 グ 興 コ 活 興 園 ン キ 写
り ラ 動 芸 物 狩 ダ 釣 レ ハ ジ ー ル マ 写 読
活 ズ 狩 み ズ 絵 影 レ モ ン 味 魔 編 ズ 園 狩
芸 べ 猟 ゲ ク 葡 ゼ ク 興 魔 味 ゲ み 影 グ 活
画 リ 興 絵 ゲ 萄 編 喜 ラ 喜 グ キ 興 魔 写 釣
ダ ー パ パ イ ヤ 絵 編 ゲ 品 活 ャ び グ 狩 ジ
ム ハ ャ 園 画 読 影 レ 法 ン 活 ク 品 ゲ ジ 興
```

アボカド	ラズベリー
パイナップル	キウイ
ブラックベリー	オレンジ
ベリー	レモン
バナナ	アップル
チェリー	パパイヤ
ココナッツ	マンゴー
アプリコット	ネクタリン
イチジク	葡萄

41 - Corpo Humano

物 物 ズ 影 物 ラ 編 ク 動 園 シ ー 血 リ 画 リ
グ 絵 猟 び ジ ー 書 動 絵 キ り 影 興 シ ラ 絵
キ り ク ジ 編 ラ リ ー 猟 味 影 書 写 リ 狩 物
芸 撮 ハ 撮 品 園 動 影 絵 み エ 写 グ エ 動 真
ン 真 耳 品 キ ャ ハ り 撮 プ ー ン 物 ゼ ゲ
肘 撮 魔 真 魔 撮 パ 品 興 首 足 絵 釣 ダ ラ ゼ
喜 ロ シ ン 釣 猟 動 パ ゼ 撮 ハ 魔 ャ ー プ 活
ャ 肩 キ リ 品 絵 ダ 顎 狩 ン 編 物 り 読 心 読
グ 編 喜 撮 陶 ハ 編 編 動 キ 法 み 唇 エ ゲ 臓
活 ダ プ み ハ 脳 真 品 ハ 魔 ー 活 釣 喜 ー 陶
物 真 エ 陶 リ 撮 ダ 魔 ル リ ラ レ 味 額 動 ゼ
り 絵 味 読 イ ル ハ 頭 動 読 エ 写 ズ 読 狩 撮
ル 魔 エ 園 興 足 ー 興 ハ 膝 シ レ 喜 ジ グ ジ
猟 芸 写 ム 指 魔 キ ー 目 影 読 リ グ 芸 画 釣
ク ダ 肌 鼻 書 ゲ 品 陶 ャ ゲ イ プ 物 絵 パ 釣
グ ゲ 魔 手 釣 芸 イ イ 動 活 興 釣 園 イ ン 真

心臓   足首

42 - Caminhada

```
魔 ラ ダ 釣 ル 品 興 ー ハ ラ 味 ン 蚊 法 ー リ
ー キ ブ 魔 写 ン 読 リ ダ ジ 猟 ム ゼ ク 興 ン
ズ 影 ー 興 ャ リ 芸 狩 興 園 ゲ 真 エ ジ パ グ
み 魔 ツ エ 絵 ン 陶 品 物 ハ 編 品 魔 陶 ー 喜
品 編 ズ り 崖 プ 真 魔 び ゲ 品 魔 動 園 キ ダ
エ 撮 キ ム エ リ 自 真 ル ク 動 物 書 キ ダ 天
画 み 魔 ク エ 然 絵 び 読 気 候 キ み ハ 天 気
芸 書 編 画 ル 絵 編 リ 画 石 ゼ 書 喜 ハ 準 園
ー ャ 芸 レ 品 陶 水 ズ 動 ゼ 芸 野 生 準 天 気
芸 ク ゲ ル ゼ 活 画 真 工 喜 興 猟 ー 写 備 園
ル ゲ 地 図 ゼ 釣 ガ 編 み 写 ジ ハ 物 キ ゼ 画
ゲ ル 法 り 動 グ イ 編 ゼ ル 画 ダ 疲 ャ キ び
狩 読 プ 園 キ 物 ド ゼ ル 撮 猟 ダ れ ン ー 画
ズ 太 重 い 園 釣 ゼ 園 園 書 ゲ 活 た プ 狩 り
び 陽 園 ル シ オ リ エ ン テ ー シ ョ ン リ び
活 画 公 園 法 グ り パ 山 ズ ャ イ み イ 画 シ
```

キャンプ	オリエンテーション
動物	公園
ブーツ	重い
疲れた	準備
気候	野生
ガイド	太陽
地図	天気
自然	

43 - Biologia

共生書ャ陶ャク興神ズ園突然変異書
ハ釣読プ芸ンゲパ経狩ジレハ撮エリ
魔園喜ジーャ絵ダ興浸ゲ品釣ゼ猟影
みみ画写ル読芸喜ズ狩透物ルャー読
ホルモン活芸爬読ダ猟ジ解画シ動ズ
真タキロイ喜ク虫パーム剖画キ動真
キンゲー動猟レコ類乳哺学リ芸喜ダ
ジパ読ュジゲ動ラ酵素シナプスハ喜
活ク芸ニズり法ーズ陶パ撮活読魔シ
味質園釣ズ釣ンゲナチュラルレエゼ
活影進ャグ胚法ン染光合成陶エび興
リイ化みム編ダ撮色胞ャダエダ真レ
キみ物写ダ魔撮動体細ラび魔動陶ン
ダハダ活絵リ編ラ品画菌陶ルキプ品
読ハラグ狩真み写書物キ猟ゼ魔書物
ー園陶編画ゼ芸物びキンムルレム物

解剖学	突然変異
細菌	ナチュラル
細胞	神経
コラーゲン	ニューロン
染色体	浸透
酵素	タンパク質
進化	爬虫類
光合成	共生
ホルモン	シナプス
哺乳類	

44 - Beleza

画 レ 影 活 品 影 エ オ イ ル み 喜 画 ゲ 芸 ダ
フ ォ ト ジ ェ ニ ッ ク ー 品 ラ 写 り グ ラ ジ
芸 ク イ 興 ゼ 影 書 ー 鏡 猟 活 書 陶 ダ 園 ラ
味 園 動 撮 影 ク ロ 紅 ー 写 魅 力 動 編 ゼ 活
び 編 芸 ル 物 画 絵 み 魔 ム 編 ダ ゼ 釣 品 ー
絵 イ 活 ゼ ク グ 狩 ゲ グ 編 工 魔 び 肌 グ 園
ク ゼ 影 プ び り ー 陶 ム 猟 物 パ ゲ 芸 ル パ
撮 味 化 粧 品 製 プ 喜 活 動 マ 魔 編 活 動 み
ス タ イ リ ス ト ン ガ レ エ ス ャ ズ 魔 動 味
動 真 ム ク 物 ダ ャ シ 芸 園 カ ビ 動 み キ み
イ 陶 リ り 狩 狩 シ 影 画 ズ ラ び ー シ 影 色
猟 化 ゼ 真 物 真 香 猟 編 ゲ ク は 編 サ ン ク
工 粧 ゲ ジ 編 ー り ハ ク 味 物 ク さ レ 書 魔
優 喜 ハ 工 釣 び 品 リ 陶 品 ン ダ 味 み ジ 絵
雅 物 活 撮 レ 書 キ ラ 陶 陶 ズ グ ム 猟 パ 撮
カ ー ル 品 興 イ パ リ ラ ャ ー キ 芸 ー 芸 パ

口紅	香り
カール	化粧
魅力	オイル
化粧品	製品
エレガント	マスカラ
優雅	サービス
スタイリスト	はさみ
フォトジェニック	シャンプー

45 - Água

品	ゼ	釣	品	真	法	狩	ー	グ	陶	キ	ゲ	ハ	間	活	シ
釣	ラ	品	プ	魔	ゲ	園	影	ル	び	動	川	欠	キ	編	ラ
リ	洪	ー	ダ	ゼ	真	書	リ	ジ	影	読	ム	編	泉	動	魔
芸	水	ゲ	影	プ	ゲ	活	物	活	ラ	イ	レ	動	海	画	品
編	ゲ	リ	魔	ハ	活	ゲ	喜	パ	ゲ	絵	ン	ゲ	洋	ン	リ
り	撮	ン	喜	飲	雪	ダ	シ	狩	プ	画	写	動	撮	ー	撮
ハ	喜	イ	画	め	読	ゲ	ャ	狩	湖	ク	シ	ャ	ワ	ス	興
プ	味	法	ム	る	味	猟	猟	ダ	写	読	び	法	画	ン	ク
グ	雨	び	ハ	ン	ダ	シ	書	園	釣	ハ	園	キ	書	モ	波
ダ	活	ジ	影	ー	活	ゼ	釣	レ	ル	ラ	絵	シ	興	シ	撮
ゲ	霜	ル	プ	影	氷	プ	リ	狩	湿	度	ャ	書	ゼ	ゲ	絵
運	河	パ	撮	シ	シ	ク	狩	み	興	活	画	釣	キ	ー	ハ
味	ク	シ	編	灌	芸	み	ゼ	狩	ハ	リ	ケ	ー	ン	キ	読
釣	魔	ラ	ク	編	漑	陶	ン	ジ	み	ジ	品	グ	キ	ー	撮
味	プ	撮	興	魔	レ	ャ	猟	狩	イ	興	ズ	ハ	ズ	画	真
園	画	ズ	ク	ム	味	レ	ク	気	蒸	発	読	ジ	画	編	

運河　　　　　　灌漑
シャワー　　　　モンスーン
蒸発　　　　　　海洋
ハリケーン　　　飲める
間欠泉　　　　　湿度
洪水　　　　　　蒸気

46 - Filantropia

陶	パ	物	真	金	ゼ	エ	興	キ	喜	味	動	園	活	狩	連
狩	読	ム	ゲ	資	融	釣	プ	プ	ジ	猟	物	絵	猟	読	絡
法	寄	付	ハ	読	影	ク	プ	物	ル	芸	リ	画	目	標	先
パ	ー	ム	猟	プ	影	影	び	写	興	ー	び	読	狩	猟	品
シ	人	編	ム	活	キ	編	釣	パ	絵	書	真	ャ	グ	猟	レ
り	ラ	類	絵	興	ラ	影	法	味	画	喜	公	共	ル	影	イ
ゲ	レ	課	ゼ	ー	味	プ	ロ	グ	ラ	ム	リ	ゲ	ー	喜	リ
法	ゲ	題	ャ	編	び	品	キ	写	み	グ	書	動	ズ	ダ	ラ
編	イ	コ	レ	活	絵	ダ	エ	影	ズ	編	ャ	書	ハ	物	ー
陶	シ	ミ	味	動	プ	動	エ	読	グ	ズ	ゲ	法	ン	歴	史
ー	味	ュ	グ	ロ	ー	バ	ル	編	釣	真	喜	園	ゼ	味	撮
ゲ	陶	ニ	写	猟	ル	物	ダ	活	撮	り	法	使	陶	品	プ
絵	編	テ	パ	品	グ	喜	法	工	撮	正	写	命	動	陶	ズ
グ	ィ	シ	ー	陶	動	レ	人	撮	直	ハ	書	園	ゲ	物	ー
必	ジ	絵	シ	プ	活	活	ラ	陶	ハ	ズ	撮	読	レ	ジ	ー
ー	要	寛	大	さ	子	供	達	ゼ	魔	プ	レ	魔	ゲ	読	喜

コミュニティ	グループ
連絡先	歴史
子供達	正直
課題	人類
寄付	使命
金融	必要
資金	目標
寛大さ	プログラム
グローバル	公共

47 - Ecologia

み 品 一 活 陶 狩 ル ゼ ボ ル シ ラ 品 ン 活 猟
ダ み 活 ジ ャ エ 喜 ハ ラ 品 り ラ 撮 ラ ゲ キ
撮 喜 物 興 ル ダ ラ ズ ン び イ 陶 味 活 編 プ
ハ 絵 グ 園 品 プ ー ラ テ 書 芸 撮 び 芸 真 エ
画 植 書 画 び 味 エ 法 ィ 魔 芸 シ 釣 写 品 品
ラ 生 絵 喜 ル 生 存 ン ア 書 植 物 り 興 レ プ
ラ ハ パ 種 法 ー プ イ び プ 気 魔 真 ダ パ 品
動 リ 影 動 ナ プ 陶 リ ハ 陶 候 影 ク 興 ラ リ
ャ パ 読 ダ チ ー レ ル ン ー ゼ 生 り キ パ 猟
レ レ 猟 多 ュ 真 ズ ジ ズ 芸 陶 山 息 グ 園 狩
エ み 釣 様 ラ ー ロ フ ャ 画 動 ズ 芸 地 興 撮
り 真 編 性 ル ル シ ゲ ラ ジ 物 持 リ 喜 ュ マ
自 然 撮 ャ バ ゲ 猟 び 物 旱 相 続 り ソ シ リ
グ 法 ム ャ ー 書 画 法 パ 書 魃 可 ハ ー シ ン
び 釣 ゲ 狩 ロ コ ミ ュ ニ テ ィ 能 読 ー マ ス
真 り ズ ラ グ ズ ジ り 書 物 ム 編 ゲ 陶 写 真

気候　　　　　　　　　自然
コミュニティ　　　　　マーシュ
多様性　　　　　　　　植物
動物相　　　　　　　　リソース
フローラ　　　　　　　旱魃
グローバル　　　　　　生存
生息地　　　　　　　　持続可能
マリン　　　　　　　　植生
ナチュラル　　　　　　ボランティア

48 - Família

```
シ ゲ り シ ズ 真 お シ 魔 喜 姪 娘 編 レ 書 エ
魔 リ ク 真 写 読 ば 編 み 書 品 ー リ び シ ム
活 イ 釣 魔 写 法 あ 工 編 釣 撮 ジ 妻 り み 写
法 画 釣 狩 芸 ラ ち 読 ー ズ ラ ム び リ ー プ
ク り キ 味 読 ジ ゃ ム シ ラ 品 み 狩 ハ 画 ゼ
ン レ ゼ パ グ 編 ん キ 味 法 釣 絵 子 供 頃 ン
レ ー 釣 読 ー ズ ハ ゲ 狩 み 絵 プ 釣 狩 の の
夫 父 方 の ゲ シ 魔 母 味 味 絵 ル 甥 ズ 喜 供
孫 叔 パ 猟 ャ ジ 書 母 び ハ ダ イ リ 喜 書 子
画 ゲ 品 ジ 活 園 み 性 物 叔 影 ゲ 真 ク ャ 供
撮 グ 動 喜 ク 活 写 興 味 母 読 喜 喜 ハ 達
法 芸 ジ シ エ 味 編 法 書 い と こ 狩 書 り
姉 ゲ り 活 編 真 ン 編 エ み 園 イ 猟 リ ャ 狩
妹 品 釣 祖 先 り パ ダ ク 読 ハ エ ャ 物 興
物 ン ム ジ 読 興 真 ハ 弟 味 編 芸 画 グ シ
プ 影 エ 喜 グ イ ン 猟 法 陶 ャ グ ゲ イ 読 パ
```

祖先	兄弟
おばあちゃん	母性
子供	父方の
子供達	いとこ
子供の頃	叔母
姉妹	叔父

49 - Férias #2

狩 ル ジ み リ ザ ビ 物 興 狩 テ プ 外 ャ 品 読
影 ゼ ラ ジ り ト ー ポ ス パ ン 旅 真 国 交 通
動 芸 動 ダ 魔 品 チ ャ 狩 法 ト 喜 パ 絵 人 興
ル 絵 ジ ダ 芸 び 編 ゲ 芸 興 ズ ク 休 日 イ 一
レ エ キ 動 プ 猟 み 書 読 品 園 シ 日 ハ 島 興
興 ジ 書 写 真 写 ジ 猟 レ ゲ 芸 影 喜 喜 喜 影
イ 読 ャ 絵 エ シ 品 ズ 読 ハ ジ 画 園 プ レ ゼ
興 ダ ク ー シ ク タ 書 ハ キ パ シ 喜 シ 編 ズ
動 ラ ン 読 グ ー 絵 山 地 喜 興 パ み ダ 活 キ 物
レ ン り 動 シ ー 活 ゲ 図 撮 リ 喜 ル 園 写 ジ
法 読 ラ 写 ム 行 パ リ 味 ム 真 一 プ ゼ ラ
活 ク ル ズ 興 き 真 リ 影 活 エ ズ 写 ダ ラ ホ
レ ス ト ラ ン 先 予 猟 猟 釣 ャ 読 ム 法 グ テ
海 ゲ 写 真 法 ジ 約 ラ 絵 味 活 読 ー び 書 ル
パ 活 み シ ル 真 陶 ラ 編 空 港 編 プ 真 み 読
読 猟 グ ダ 法 り 影 絵 芸 陶 ズ 陶 ゼ ン 味 エ

空港	パスポート
行き先	ビーチ
外国人	予約
休日	レストラン
写真	タクシー
ホテル	テント
レジャー	交通
地図	ビザ

50 - Edifícios

```
キ リ 撮 書 城 リ ン プ ス 読 グ ア パ ー ト 法
編 シ 写 魔 レ 画 イ シ ー ゲ 品 り ダ パ ン 品
大 使 館 パ 狩 品 イ イ パ 喜 陶 ハ び 編 テ 工
書 レ み キ 写 絵 ゼ 撮 ー ル 物 猟 り 農 パ 読
猟 ホ 陶 陶 法 納 イ 魔 マ パ プ 博 物 館 場 み
ン テ 味 ス 書 屋 写 猟 ー 猟 編 陶 病 院 イ 工
狩 ル 絵 タ ン ル 品 魔 ケ み り 興 ク 法 ム 編
園 編 ク ジ ー レ ガ タ ッ 絵 ゼ 撮 ハ 書 ー び
工 場 動 ア 猟 物 び ワ ト ラ 編 釣 ー イ 動 撮
園 研 ダ ム ム グ リ ー 動 ル ゲ ー 陶 書 真 ク
編 究 品 味 び 編 園 動 釣 ン ル ャ ハ 学 大 法
び 室 ジ 喜 ダ 魔 ダ ゲ 影 ゼ り ジ イ 校 真 興
編 レ 活 絵 陶 撮 レ 釣 撮 動 猟 劇 パ キ 活 み
釣 ム 釣 ズ り ダ 釣 み 陶 編 画 場 ハ シ ダ キ
書 読 天 文 台 園 猟 法 味 画 ン 品 ラ 絵 ネ マ
編 ズ 影 撮 び エ ゲ 釣 写 リ ゲ 物 影 味 グ マ
```

アパート	ホテル
納屋	研究室
シネマ	博物館
大使館	天文台
学校	スーパーマーケット
スタジアム	劇場
農場	テント
工場	タワー
ガレージ	大学
病院	

51 - Boxe

```
読 釣 ハ ル 陶 体 動 狩 グ イ 影 ー グ 真 編 品
活 興 狩 釣 品 陶 パ 興 陶 釣 イ 魔 猟 顎 ゼ 狩
陶 り 撮 ー 強 さ 怪 ズ 動 ゼ ン 真 ル 活 書 ダ
ダ ム ジ ル 相 ャ ゼ 我 法 興 り ダ ハ キ 活 び
キ 釣 袋 手 レ 真 イ ク ス グ ゼ 魔 動 味 園 画
芸 ッ 動 園 真 ハ 品 ダ キ 魔 プ み イ ー 魔 パ
味 陶 ク リ 書 写 ー 影 ル シ 写 編 ゼ 猟 拳 動
法 ダ 撮 レ ム 画 り 味 ベ 猟 リ 味 ゼ ズ 喜 猟
画 撮 芸 園 コ ー ナ ー 喜 芸 撮 ズ 写 プ 喜 動
書 書 ゲ ズ 真 ラ エ 肘 レ ハ 園 ラ ャ 絵 ー ー
キ ダ 疲 狩 書 ル 物 ゲ み ク ム ジ 画 読 読 ム
動 猟 れ 物 法 ハ フ レ 回 陶 ャ 影 キ 画 品 ャ
ゲ 喜 た 戦 闘 機 ン ォ 復 審 判 真 猟 パ 写 法
グ ダ リ 興 ジ ム ー 味 ー 陶 グ 釣 画 動 ー 興
味 動 リ ポ イ ン ト 撮 書 カ 陶 画 ズ 品 園 グ
シ 品 釣 読 ダ ャ 品 真 喜 グ ス 法 エ 喜 ダ 喜
```

審判	怪我
コーナー	戦闘機
キック	手袋
疲れた	相手
フォーカス	ポイント
強さ	回復
スキル	ベル

52 - Xadrez

```
ゼ ク 狩 ブ ー 撮 猟 品 品 パ 釣 時 写 ズ プ 陶
物 ゲ ー ム ラ レ 撮 陶 狩 グ 味 間 品 ン レ ズ
写 影 ン 魔 キ ッ ダ リ び ゃ び 猟 ジ ー 女
ル ー ル 陶 イ キ ク 読 書 プ 編 犠 イ ゼ ヤ 王
写 学 ぶ た め に 活 プ 陶 芸 ジ 牲 プ 猟 ー ル
ズ 読 課 プ 撮 レ 法 ズ 芸 ク 興 ト ム 読 喜 ゲ
ン ク ジ 題 真 園 ム レ 物 イ ー 写 キ ン 味
リ ゃ 撮 パ ー ダ ラ 物 味 ハ ズ ナ イ キ 影 芸
キ ャ ン 書 画 動 エ み 読 真 対 メ プ 釣 影 一
画 白 動 相 手 編 物 ム シ 書 角 ン 真 み 物 物
園 い み 興 ダ ル ク ゲ パ ラ ト 味 ム ジ 芸
イ 猟 ポ 撮 ス 編 パ ズ ン ダ 品 シ び 園 ー
ズ 写 み イ テ シ ッ 戦 略 ー み み ム ゲ 味 写
ー 活 影 喜 ン 狩 シ チ ャ ン ピ オ ン パ パ
イ ム 芸 読 コ ト ブ 興 園 ル 狩 ー 魔 品 り 絵
ズ み プ 魔 キ ン グ り 写 エ パ ャ 喜 ン ク キ
```

学ぶために	パッシブ
白い	ポイント
チャンピオン	ブラック
コンテスト	女王
課題	ルール
対角	キング
戦略	犠牲
プレーヤー	時間
ゲーム	トーナメント
相手	

53 - Aventura

法活ダズナビゲーションョン活動グ動ゼ
ク動園法エム品陶ーゼクジグハ物魔
チャンス珍イ課題影陶陶ーリズ狩リ
ハラ狩活真し味困喜ク猟真芸ダク影
ジみグレシりい難レー動友ャハびン
陶読絵動品ラ写影イ撮美達陶魔勇味
エ法喜画ハハ狩ゼ編ジしャム魔気喜
陶ムキ書ムジリハ絵ャさ喜画ク釣び
釣ゼ品喜陶ラ真陶ラみー画ゼム行遠
ンジり安全性旅ジ絵物びム真味き足
ハ編画ン編物ゼ程危活イ陶エ活先ゲ
びリハ読活ハ味物険絵魔レゲキ影品
活新ハ猟熱書機グな写ハ魔釣準魔ジ
ハ着物ー意グズ会エャり味絵備釣画
びラダラ真読自プ喜猟喜びゼ動画グ
影魔ハゲ陶釣然ハ活ラダイ影ハグ影

喜び	遠足
友達	珍しい
活動	旅程
美しさ	自然
勇気	ナビゲーション
チャンス	新着
課題	機会
行き先	危険な
困難	準備
熱意	安全性

54 - Floresta Tropical

自	び	哺	シ	書	品	影	狩	ハ	園	写	写	ゲ	ラ	撮	プ
物	然	読	乳	法	り	猟	避	難	気	候	園	ラ	コ	活	猟
法	狩	イ	活	類	ン	ジ	編	釣	魔	ル	び	ル	ミ	パ	ラ
法	キ	編	影	喜	ク	動	書	リ	撮	影	ル	編	ュ	読	イ
貴	物	リ	ダ	び	影	釣	苔	影	一	狩	り	喜	ニ	品	イ
重	写	ン	リ	シ	真	ラ	活	シ	ラ	ジ	芸	動	テ	狩	真
味	絵	グ	ダ	ン	魔	ズ	保	多	様	性	キ	ラ	ィ	ジ	ャ
ャ	画	ル	先	住	民	族	存	生	写	ャ	猟	活	影	ジ	ダ
ズ	パ	編	芸	ジ	ャ	ン	グ	ル	物	読	品	魔	ー	キ	影
ー	み	釣	画	品	ン	画	レ	物	植	絵	陶	ゲ	エ	絵	釣
芸	編	読	陶	陶	グ	パ	編	尊	物	絵	ズ	撮	ャ	編	真
絵	雲	両	狩	魔	み	り	撮	敬	陶	レ	動	読	園	ゲ	品
動	物	生	写	味	一	興	り	撮	絵	真	種	品	書	編	味
虫	活	類	魔	パ	猟	動	エ	ズ	読	ダ	編	影	ル	リ	陶
物	味	活	鳥	影	復	パ	ャ	び	ラ	ラ	ム	ハ	レ	シ	ゼ
活	写	イ	魔	喜	シ	元	プ	ク	ダ	イ	一	芸	一	陶	一

両生類	保存
植物	避難
気候	尊敬
コミュニティ	復元
多様性	ジャングル
先住民族	生存
哺乳類	貴重
自然	

55 - Cidade

ス	ズ	興	ゼ	影	画	ダ	イ	芸	物	博	物	館	撮	ー	ダ
タ	狩	リ	活	興	パ	撮	ゲ	編	イ	シ	ズ	ラ	書	編	絵
ジ	影	ラ	シ	猟	狩	喜	レ	ゼ	イ	エ	園	大	学	図	ギ
ア	ス	猟	動	読	ム	読	画	グ	ン	み	シ	ャ	ゲ	ャ	ャ
ム	ー	プ	書	ラ	狩	レ	ス	ト	ラ	ン	ネ	薬	絵	ラ	ラ
魔	パ	法	キ	シ	動	狩	猟	書	書	ン	マ	局	花	リ	リ
り	ー	み	法	猟	味	ズ	プ	ム	店	写	狩	テ	芸	屋	ー
編	マ	み	ジ	ズ	ク	レ	ベ	ー	カ	リ	ー	ル	狩	読	プ
物	ー	味	ム	書	キ	喜	編	ゲ	シ	活	狩	書	ゼ	ジ	ラ
み	ケ	書	魔	動	び	ダ	活	物	シ	ゼ	味	イ	ン	キ	品
グ	ッ	狩	ゼ	物	サ	ロ	ン	物	び	編	び	品	真	イ	写
ゲ	ト	喜	学	園	プ	写	活	グ	み	ラ	法	ゲ	ャ	ラ	法
画	ン	活	校	グ	ム	イ	魔	写	興	陶	ク	物	狩	ム	品
ャ	芸	ー	品	ダ	ン	読	シ	狩	み	銀	ゼ	グ	読	芸	イ
ル	品	市	興	ム	ル	写	編	物	ズ	行	り	喜	活	ズ	絵
芸	陶	物	場	劇	空	港	書	ム	ル	興	ゼ	ル	撮	物	喜

空港	動物園
銀行	書店
図書館	市場
シネマ	博物館
学校	ベーカリー
スタジアム	レストラン
薬局	サロン
花屋	スーパーマーケット
ギャラリー	劇場
ホテル	大学

撮 法 読 リ 編 味 グ シ ダ ハ 活 味 陶 ハ ン 編
ン 狩 エ 芸 キ ク 釣 ダ ル り 喜 ゼ 味 プ ー 狩
釣 キ ラ 芸 み 品 画 グ 画 書 み ズ 興 法 グ 品
ゼ 書 リ 魔 ャ 動 パ 喜 ム 絵 読 書 真 グ 芸 プ
ャ 物 オ シ 即 猟 メ ラ ク 活 エ 真 猟 ム シ イ
撮 ダ み ペ ス 興 ロ ジ 活 レ 読 芸 キ シ み 録
詩 的 情 叙 ラ 書 デ 歌 エ 喜 真 キ プ み リ 音
狩 芸 狩 喜 ー コ ィ 手 イ 写 読 プ ュ グ グ 動
ル エ 物 絵 コ ム ー ラ 書 パ 真 ド ー ラ 芸 和
ム ダ ゼ パ テ ン ラ 釣 芸 ン 写 ー ジ 絵 バ リ
ム 動 ゼ ク 法 ズ ポ パ 音 器 ラ ジ 絵 芸 リ ル
品 画 レ パ ズ ゼ ゲ 影 狩 品 楽 活 カ 編 狩 写
マ 狩 読 猟 書 ズ ゲ レ び み 絵 家 ル カ 味 ボ
ハ イ ア ル バ ム ズ リ り キ 動 ル シ り 編 喜
味 活 ク ッ シ ラ ク ゲ シ 猟 歌 り ン イ 陶 リ
ズ ゼ 狩 ダ 芸 ム ラ イ キ び う パ 釣 ハ 書

アルバム	叙情的
バラード	メロディー
歌う	マイク
歌手	ミュージカル
クラシック	音楽家
コーラス	オペラ
録音	詩的
調和	リズム
即興	テンポ
楽器	ボーカル

57 - Matemática

味影動魔動画園りャムルみハ狩ボズ
平プ動興園釣プシルグ真物影ラリ真
プ行ルゼプ狩影ラャ活写び書リュラ
シズ四ン興み幾ハズ物法編影ャーグ
読影読辺対称何興リイ物ク興ルムイ
ク絵読動形活学喜多物ムエり法イ法
ャシ物読角みシ猟角ム園味指数分ャ
り陶シ読三興園垂形ゼ撮ゼ絵小編ル
味びみルハ径直読ラグムシハ写ルル
画イ和グハャ半レエパ真算読み画ル
びゲ読狩ゼ物ム周ャャ活術ム味ク興
物びラ読ズエ魔写囲物興レジリ写絵
ン法ゲりみン魔ム書グパーび魔ハ読
書ププジ動影活写味矩グプ影イズハ
魔絵ハ平行方程式ゼム形キダイハリ
角度猟円周動魔活ズびンエレ画味パ

算術	平行四辺形
角度	周囲
円周	垂直
小数	多角形
直径	半径
方程式	矩形
指数	対称
分数	三角形
幾何学	ボリューム
平行	

58 - Saúde e Bem Estar #1

陶	ゼ	読	反	ゼ	ル	品	釣	ズ	法	写	診	パ	読	シ	細
パ	筋	芸	射	芸	み	編	ゼ	絵	エ	み	狩	療	イ	イ	菌
エ	肉	姿	勢	陶	書	活	神	経	キ	活	リ	治	所	読	肌
プ	リ	写	法	ー	影	芸	真	猟	キ	ー	ゼ	狩	レ	動	ラ
ク	撮	味	シ	写	ル	ジ	物	興	レ	写	ャ	園	ズ	ジ	画
飢	読	ゼ	ウ	陶	読	狩	編	ア	ク	ティ	ブ	品	撮	ズ
リ	餓	真	イ	味	プ	イ	ク	レ	プ	ラ	キ	り	編	画	品
グ	ー	芸	ル	芸	影	ャ	ン	高	ム	魔	猟	法	ン	猟	猟
陶	味	猟	ス	み	撮	園	喜	さ	芸	ン	猟	キ	ジ	プ	ク
イ	び	り	エ	品	び	読	み	り	ム	狩	絵	影	物	ン	キ
猟	ー	編	陶	習	薬	局	リ	ラ	ク	ゼ	ー	ショ	ン	ン	ク
狩	レ	ホ	影	慣	影	ゲ	イ	ン	シ	写	ン	エ	ク	陶	ラ
び	芸	ル	興	読	絵	レ	ダ	ン	ン	ャ	魔	ダ	キ	キ
ゼ	真	モ	ン	ゼ	ゼ	ク	ダ	編	ハ	読	医	園	喜	ゲ	ジ
釣	釣	ン	写	魔	魔	釣	読	ゼ	狩	者	み	折	園	シ
興	絵	写	画	品	動	品	写	園	ン	ク	陶	ク	骨	ジ	魔

高さ	ホルモン
アクティブ	筋肉
細菌	神経
診療所	姿勢
医者	反射
薬局	リラクゼーション
飢餓	治療
骨折	ウイルス
習慣	

59 - Imigração

イ	興	管	画	陶	リ	プ	猟	猟	撮	法	ス	狩	法	交	ゲ
イ	イ	読	理	陶	シ	味	興	ン	芸	ト	ー	画	ャ	渉
興	リ	写	プ	ジ	写	影	写	真	ダ	写	真	ー	品	プ
ム	プ	プ	法	釣	キ	キ	ム	ジ	動	陶	ス	絵	ー	芸	ン
ー	ゲ	ム	律	猟	ル	役	法	編	影	法	キ	撮	読	ジ	写
読	エ	イ	喜	キ	ハ	員	プ	ゼ	キ	キ	魔	活	陶	ゲ	画
言	語	ク	ラ	ム	文	資	ジ	魔	ハ	保	護	読	ム	釣	興
物	レ	ジ	興	キ	書	金	み	芸	狩	絵	真	ズ	真	ル	釣
影	ゼ	援	ム	釣	ゲ	調	パ	ズ	編	ダ	ン	絵	ン	園	釣
ゼ	り	助	ゼ	パ	承	達	陶	り	処	理	す	る	味	び	味
味	ゼ	味	興	レ	大	認	猟	レ	解	決	締	め	切	り	パ
通	信	グ	ャ	ン	人	ズ	法	キ	魔	動	猟	法	キ	ム	編
パ	ク	エ	読	猟	ム	撮	動	レ	物	喜	ラ	興	ズ	り	パ
ム	釣	キ	法	グ	ハ	状	動	り	狩	ム	子	供	達	グ	園
び	画	絵	猟	猟	ゼ	況	画	動	ー	レ	ハ	ウ	ジ	ン	グ
陶	プ	ズ	び	絵	味	り	読	芸	ダ	ゲ	ダ	ン	園	ゼ	真

管理	法律
大人	言語
援助	交渉
承認	役員
通信	締め切り
子供達	処理する
文書	保護
ストレス	状況
資金調達	解決
ハウジング	

60 - Natureza

```
イ 園 グ 真 ダ 読 雲 ラ エ ズ レ 芸 芸 ダ ル ー
リ み 書 芸 陶 ラ ン シ ェ ル タ ー 猟 霧 画 ン
ダ 氷 魔 活 り 喜 狩 シ 動 物 動 ズ 活 物 プ 葉
釣 河 ゼ ハ 川 影 撮 陶 猟 芸 レ 書 エ 撮 グ 喜
ダ 砂 画 芸 プ ゲ リ レ 魔 ゼ 釣 ラ ャ 重 陶
書 漠 プ ム ズ 影 び グ 書 影 ム ダ ク 蜂 要 活
み 編 ゲ 猟 グ 北 極 動 活 シ 物 読 真 画 法 み
絵 活 陶 パ サ ル ャ ゲ シ 猟 み ゲ ク 狩 編 り
書 び 書 ム 書 ン 動 プ 穏 侵 画 パ 画 ズ キ 書
ム シ 魔 エ 陶 釣 ク ジ や 食 書 法 編 ー 読 画
ト ロ ピ カ ル り キ チ か 影 陶 り ジ 味 リ 法
ャ パ ゲ 真 森 味 み ゲ ュ り 陶 動 動 イ 読 シ
リ 芸 ズ エ 書 園 釣 釣 物 ア 興 シ 平 和 真 キ
リ 画 ハ シ 物 ク 写 芸 野 び リ ズ ハ 影 キ ジ
ー ハ リ ル 釣 美 し さ 生 イ パ 動 パ ゼ 狩 イ
レ み 園 び グ ズ 味 喜 味 ハ 魔 真 的 喜 猟 狩
```

シェルター	氷河
動物	平和
北極	サンクチュアリ
美しさ	野生
砂漠	穏やか
動的	トロピカル
侵食	重要

61 - A Empresa

書 ダ 決 定 革 物 陶 写 プ 撮 ラ 品 シ ク 物
ャ 動 ハ 影 新 シ び 釣 リ ソ ー ス 質 レ リ り
ゼ 読 園 プ 的 絵 投 芸 イ 法 絵 ネ 喜 園 エ 読 編
写 ル 動 画 ゼ り レ 資 レ ン ン ジ プ ロ イ テ 編
活 業 動 ト レ ン ド び 法 シ エ 影 ビ 猟 ゼ テ 物
編 界 リ ス ク ョ 味 益 エ 活 パ 猟 猟 ィ ブ 編
画 プ り 釣 ズ 絵 シ 進 捗 ム 芸 ム ャ シ イ ム
写 活 品 書 園 園 り ー 動 書 グ 読 ダ 喜 イ び
ダ シ 写 活 ル み パ 活 読 テ グ ロ ー バ ル ゼ 猟
シ 芸 陶 釣 ャ び 画 ダ 興 ン グ 編 り 釣 魔 猟
芸 イ 法 狩 ダ ャ 興 狩 ゲ 芸 ゼ 狩 ー ダ 写 画
写 プ 品 ン 芸 雇 用 シ 芸 撮 ズ レ 狩 ダ 活 ゲ
製 品 芸 評 判 単 ズ 書 狩 ハ イ 園 プ ハ ム 猟
喜 真 可 撮 写 位 パ 陶 法 興 興 味 喜 物 ハ プ
エ 興 ダ 能 活 画 び ゼ ゼ ャ 芸 り 猟 シ ゼ ラ
喜 ー 釣 ム 性 絵 イ 園 ハ 編 ゲ 魔 ダ ク 撮 味

プレゼンテーション	製品
クリエイティブ	プロ
決定	進捗
雇用	品質
グローバル	収益
業界	リソース
革新的	評判
投資	リスク
ビジネス	トレンド
可能性	単位

62 - Doença

狩 ン ラ イ イ イ 活 物 み 画 エ み 猟 り 画 腹
画 弱 ハ 狩 キ ゲ 読 興 ン イ 治 ャ グ ラ 部
ル い 陶 興 心 臓 ラ ハ 興 り シ 療 書 レ 症 狩
ジ 味 画 味 ジ グ プ エ 動 真 真 ダ 法 候 ャ
呼 写 物 魔 ル 活 腰 芸 キ 画 病 イ ダ 群 シ
陶 吸 ゼ ゼ 狩 影 椎 び 活 狩 味 魔 原 園 ル 魔 パ
ゲ 読 器 ー リ 芸 イ グ ゲ ー 影 肺 撮 体 リ ダ キ
レ ン 狩 狩 ゼ ン ハ 動 ゼ 品 リ レ ラ 喜 ダ 品
物 ャ エ 撮 動 写 猟 パ 陶 み 活 ラ リ ダ 興
パ 写 ダ 書 活 ャ 魔 り 興 び ゲ 画 ハ 一 品 ゲ
キ プ 喜 写 レ ル 活 ア レ ル ギ ー 読 法 魔 味
免 疫 猟 ャ 狩 プ 品 骨 ゼ 画 影 グ 写 ゲ 品 編
狩 ル 釣 慢 シ 園 影 狩 び ー 神 編 書 パ 活 編
健 画 ラ 性 染 伝 炎 症 画 ゲ グ 経 ハ 影 エ ダ
康 遺 伝 伝 キ 画 プ 写 真 物 ラ 喜 障 撮 書 釣
グ 写 ジ 遺 喜 編 読 品 味 陶 物 編 り 害 品 猟

腹部	炎症
アレルギー	腰椎
伝染性	神経障害
心臓	病原体
慢性	呼吸器
弱い	健康
遺伝	症候群
遺伝性	治療
免疫	

63 - Aquecimento Global

```
物 エ エ 今 リ ジ 温 ズ 釣 芸 エ 芸 真 写 ル 物
陶 品 ネ み パ ラ 度 活 び グ 絵 ン 危 ル キ ズ
動 グ ル リ ダ 興 品 編 世 読 興 気 候 機 工 グ
科 び ギ 結 編 デ 発 世 代 注 ゼ 狩 工 芸 工 動 読
学 リ ー 果 真 ー 味 喜 達 意 ジ 編 ム エ 動 読
者 ャ ャ 法 物 タ 活 シ 読 グ リ 業 界 シ 味 ー ジ
画 政 法 律 活 ゼ 動 北 極 狩 芸 パ パ 興 ラ 味
芸 府 書 ゲ 影 芸 魔 ク パ ズ ジ ン 興 シ ム
魔 プ 人 エ シ リ 撮 み グ ャ 興 物 釣 ン ダ パ
ダ ハ ロ 環 陶 猟 ハ プ リ プ ゲ 釣 画 活 シ
キ リ 編 境 喜 リ 編 写 法 グ ズ ガ ジ 法 キ
釣 ム キ ル ジ ゼ 法 品 ラ 活 パ ハ ス 画 ゼ 芸
国 際 リ 法 ャ み 狩 動 物 グ 喜 芸 写 法 物 ラ
プ 魔 び 猟 写 ズ 撮 グ ハ ン 活 品 ル ク 編 真
未 来 み パ 真 ジ ー 園 喜 ャ ダ 品 真 プ 釣 シ
書 ム ャ キ ズ 園 動 ラ ゼ 陶 ゲ 画 シ ク み シ
```

環境　　　　　　未来
注意　　　　　　ガス
北極　　　　　　世代
科学者　　　　　政府
気候　　　　　　業界
結果　　　　　　国際
危機　　　　　　法律
データ　　　　　人口
発達　　　　　　温度
エネルギー

64 - Aviões

物	真	ク	品	ン	ジ	ハ	さ	園	猟	ャ	エ	喜	書	膨	ク
ー	魔	ル	レ	水	歴	興	高	降	ン	写	ン	編	書	ら	ム
陶	プ	ー	リ	素	画	史	度	下	み	興	ジ	空	乱	ま	真
ラ	ム	法	物	シ	パ	イ	ロ	ッ	ト	喜	ン	気	流	せ	プ
み	釣	ズ	品	ラ	興	イ	法	ク	雰	囲	気	ー	ズ	る	ハ
シ	法	狩	ク	法	パ	り	シ	写	イ	魔	グ	ハ	グ	着	陸
キ	リ	絵	味	写	陶	ー	真	物	味	キ	ダ	グ	編	バ	レ
イ	リ	味	芸	ン	り	り	パ	釣	ゼ	真	び	釣	ゼ	ャ	写
書	活	狩	陶	活	パ	書	リ	パ	味	絵	画	芸	園	方	向
影	園	ゲ	写	パ	影	書	興	エ	プ	影	プ	園	編	ク	ー
ャ	真	興	び	陶	品	パ	ハ	レ	活	レ	ゲ	レ	法	魔	園
画	読	ダ	ム	興	物	エ	ゲ	喜	狩	ズ	ー	園	書	猟	空
ラ	興	狩	リ	品	ー	グ	レ	物	書	陶	シ	撮	ー	芸	設
ジ	猟	陶	イ	興	ゲ	魔	ズ	味	物	芸	動	旅	燃	建	イ
冒	険	画	ム	興	動	絵	陶	魔	パ	陶	客	料	真	設	ャ
ー	法	法	喜	物	イ	リ	物	狩	り	シ	ル	シ	興	ゼ	ャ

高度	方向
高さ	水素
空気	歴史
着陸	膨らませる
雰囲気	エンジン
冒険	旅客
バルーン	パイロット
燃料	クルー
建設	乱流
降下	

65 - Tipos de Cabelo

元絵キダ魔グレー三白ゲ真撮喜ジ書
気インム喜絵法写つい喜絵銀釣ダ品
ルシジイエル物芸編短りリ猟写レー
画芸撮パ興味芸陶みク写影厚い魔ー猟
書ブ味ラ撮喜ズ猟エク活書物ルダ撮
ジ興ララ魔絵品ーク物キパび写有キ芸
釣書薄ッ法物み法法ム品画ル陶色イ
写陶いパクカ釣ジ釣写編興ャプ茶写
ゼララ書書ーシャイニーゼ陶イ狩喜
プ釣活ーレリパグラりラカイル編編
ャエグイダー物品ド狩ムシーズ組釣
ブ陶み画画猟り写真写真活動物グャ
写ロ読グ品プゲーパ画み画ー喜写猟
ソ品ン書釣撮読喜読陶びゼシキ園真
フグ園ド絵ゲ書真猟クジ真品喜真活
ト陶影ラ書動魔編プ影び禿園味び撮

白い	ブロンド
シャイニー	茶色
カール	ブラック
グレー	元気
有色	ドライ
短い	ソフト
カーリー	編組
薄い	三つ編み
厚い	

66 - Criatividade

```
イ ン ス ピ レ ー シ ョ ン 物 芸 び ゃ 画 魔 芸
ル 直 興 読 物 グ ャ 想 像 力 画 書 興 み 像 ム
喜 感 ム ン 狩 イ 読 プ ス 活 魔 活 園 レ 釣 陶
イ 絵 ビ 活 真 グ ズ 品 キ 物 リ 強 度 レ 表 現
明 快 ジ 法 写 ク レ キ ル キ 自 活 印 シ 画 動
喜 品 ョ ム 法 陶 釣 写 ャ 活 陶 発 象 味 読 魔
イ パ ン イ 絵 エ シ 写 エ ダ イ 編 喜 写 書 み
ラ 物 ゼ 芸 書 シ ー シ 活 ム レ ゼ 陶 陶 物
喜 ャ 影 ン 物 信 撮 発 明 力 法 ハ パ ゼ ゼ ル
情 レ 影 ズ ズ 憑 イ 園 エ プ 狩 陶 ー 芸 ク 園
感 覚 ャ レ プ 性 り レ グ 物 キ 法 法 術 狩 動
魔 ー び ゲ エ 動 工 芸 書 園 影 興 猟 的 編 工
ジ ク 活 プ 法 流 撮 喜 写 味 芸 み ン シ 劇 撮
イ パ リ 陶 イ パ 喜 動 園 び 釣 ク 品 キ ゼ り
プ 絵 喜 イ 法 ジ 動 編 ゼ 写 シ リ ズ 法 影 ン
リ ハ 興 物 パ ム 動 画 園 レ ジ 品 ズ 画 み 真
```

芸術的	想像力
信憑性	印象
明快	インスピレーション
劇的	強度
感情	直感
自発	発明
表現	感覚
流動性	ビジョン
スキル	活力
画像	

67 - Dias e Meses

興 年 八 月 七 ン 写 週 パ 金 真 ズ 画 行 進 編
法 ル 写 五 木 絵 月 ダ 読 曜 ゼ 撮 品 レ 法 ー ム
び ダ ジ ャ 曜 写 ジ ダ プ 日 曜 火 品 撮 釣 ー ム
ク み 書 物 日 曜 土 絵 味 陶 レ 品 ー 喜 喜 ゲ 陶
魔 ジ 魔 園 カ ン 撮 画 喜 グ み グ 味 法 画 レ 画
魔 物 一 読 レ レ ム 水 曜 ン ゼ レ 絵 ク イ ゼ レ
猟 キ 写 興 ー パ ン 撮 日 写 レ 撮 ン リ ク リ
真 活 法 ャ 動 ハ 活 ダ ク ャ 活 ク 品 ク リ り み
絵 ラ 月 曜 日 動 ャ ダ ー 真 エ イ プ リ ル
キ リ 画 読 活 陶 動 パ バ ン シ 読 ゼ 喜 ク 法
ム 動 り 猟 ン 法 動 興 園 魔 喜 エ ャ リ 喜 キ
リ ム ズ 品 ラ 真 ハ 芸 テ 園 ル リ シ 影 ャ 品
品 ラ り ー ジ ゼ 喜 影 プ 法 書 レ み キ ン ン
ズ ャ プ キ 品 ク 魔 リ セ 喜 画 ジ ク 六 一 読
書 レ 芸 ハ 真 り イ ジ ダ 二 月 喜 レ 月 月 品
日 曜 日 ャ 芸 ジ ダ り 園 エ 一 キ み び パ 品

エイプリル　　　　十一月
八月　　　　　　　水曜日
カレンダー　　　　木曜日
日曜日　　　　　　土曜日
二月　　　　　　　月曜日
七月　　　　　　　セプテンバー
六月　　　　　　　金曜日
五月　　　　　　　火曜日
行進

重	魔	興	ゼ	び	品	レ	レ	び	エ	喜	ズ	編	パ	消	化
マ	さ	物	影	芸	釣	真	エ	味	動	レ	写	魔	リ	ビ	ク
ト	ッ	エ	イ	ダ	絵	リ	法	魔	レ	ゲ	イ	活	タ	タ	釣
血	撮	サ	シ	法	活	興	品	シ	品	ダ	絵	気	分	ミ	陶
動	ム	真	ー	遺	伝	学	パ	キ	絵	物	ン	病	動	ン	喜
ム	ル	シ	リ	ジ	体	ア	レ	ル	ギ	ー	興	書	読	み	芸
釣	品	イ	ロ	み	興	ハ	キ	ン	エ	動	ズ	ム	元	気	味
イ	グ	パ	カ	ゃ	り	ダ	リ	び	レ	撮	ゲ	味	味	園	園
ハ	編	物	り	画	キ	リ	エ	衛	生	真	ゼ	絵	撮	ゲ	喜
ラ	興	み	シ	画	釣	リ	ネ	ジ	ハ	魔	味	興	レ	ー	ー
猟	ン	み	ゼ	動	絵	画	ル	絵	み	イ	絵	猟	喜	病	病
プ	物	イ	書	活	食	魔	ギ	狩	ゃ	絵	猟	回	復	シ	院
猟	影	活	プ	法	欲	ー	ラ	猟	ジ	り	魔	魔	ラ	読	り
プ	釣	解	パ	写	活	び	狩	び	り	活	ル	品	影	真	ク
書	グ	剖	活	シ	撮	書	画	み	編	書	写	影	読	喜
感	染	学	興	ジ	み	ジ	読	ム	ジ	プ	園	り	イ	活	ク

アレルギー	衛生
解剖学	病院
食欲	気分
カロリー	感染
ダイエット	マッサージ
消化	重さ
病気	回復
エネルギー	元気
遺伝学	ビタミン

69 - Geografia

影 領 域 ズ ハ 影 ジ キ 品 海 編 クャ 陶 写 陶
法 狩 地 北 ゲ 興 一 喜 リ 洋 影 影 み 味 写 活
リ リ 園 法 ダ ハ ハ 国 真 物 法 園 影 み シ ゲ
ズ リ イ ゼ キ レ 品 イ ク ダ ク ライン 喜 ゼ ゲ
書 キ 川 ジ プ グ 芸 ゲ ズ 真 り イン 喜 リ 市
写 び み 世 緯 度 絵 書 ズ 陶 編 ア 島 法 イ 撮
編 ハ 狩 シ 界 狩 ム 魔 物 一 興 ト 真 リ 陶 活
画 ジ 物 グ 半 球 撮 エ プ 魔 動 ラ 味 エ 園 び
品 芸 エ 園 ハ 品 園 真 南 影 ル ス 魔 釣 イ 書
編 猟 猟 ゼ 猟 イ イ 絵 ダ シ 釣 書 山 グ ラ 真
ム ラャ 動 ゼ イ イ 芸 編 ン 撮 撮 子 釣 リ プ
ラ ク び ム レ 芸 レ り 活 真 ゼ 午 書 魔 キ
味 ラ 撮 び イ リ 大 物 高 度 グ クン 線 地 び
り 園 画 陶 絵 園 陸 り 味 ジ りン 読 西 図 イ
影 喜 イ 影 動 釣 狩 味 編 ク び 喜 活 興 味
ハ 写 ズ ク 猟 ズ 品 ズ エ ー ム 画 ハ 活 び

高度	子午線
アトラス	世界
大陸	海洋
半球	領域
緯度	地域
地図	

70 - Antártica

```
撮 ミ 氷 河 陶 レ ダ ジ リ 猟 陶 半 島 猟 ダ 味
真 ネ 読 ャ び 興 島 狩 写 活 撮 園 編 ラ 書 狩
物 ラ 撮 魔 書 ゲ パ 狩 エ レ 動 ゲ り キ リ 物
味 ル 読 研 氷 ン ダ ム キ 撮 ダ 大 陸 興 真 キ
み シ シ 究 科 シ シ 品 絵 喜 動 品 パ シ ベ イ
陶 ハ キ 者 学 物 り 入 キ 味 工 ハ 喜 猟 グ 興
狩 撮 物 ハ 的 パ 編 り 芸 品 釣 釣 品 リ ー び
陶 魔 釣 読 ム 絵 法 江 ク び ゲ 興 狩 エ ゼ み
絵 影 移 行 ロ ッ キ ー 喜 ク 影 喜 狩 プ 園 ダ
絵 画 キ ル プ ル 魔 ク シ ム 物 プ 読 ン ジ ズ
温 猟 リ シ リ 園 ム 保 芸 法 ジ 編 イ ク レ 活
写 度 編 読 画 写 ク ジ 全 ン 画 猟 ズ 興 リ 魔
ゼ ペ み ル 画 園 書 ゲ 味 ル 猟 パ り 環 境 み
ハ ン グ ジ 狩 絵 ハ 地 シ 絵 動 シ ダ ハ 魔 グ
園 ギ シ 喜 ャ 書 狩 理 編 絵 キ 絵 撮 水 レ 絵
画 ン 品 法 地 形 狩 ズ ハ 狩 品 パ 遠 征 ン 活
```

環境	研究者
ベイ	移行
科学的	ミネラル
保全	半島
大陸	ペンギン
入り江	ロッキー
遠征	温度
氷河	地形
地理	

71 - Fazenda #1

写	カ	ラ	ス	編	品	法	興	プ	書	物	プ	リ	ハ	品	チ
プ	グ	キ	法	味	ル	ク	園	グ	グ	フ	ァ	影	蜂	品	キ
真	パ	水	豚	ヤ	猟	品	ク	興	喜	ィ	影	ル	蜜	釣	ン
ズ	絵	プ	喜	ギ	シ	パ	釣	群	パ	ー	フ	ェ	ン	ス	ラ
リ	園	ジ	魔	狩	ャ	ン	パ	れ	米	ル	キ	釣	園	狩	猟
イ	狩	影	り	狩	ム	ヘ	イ	陶	猟	ド	農	魔	イ	グ	ク
品	ク	ハ	ャ	撮	物	ゼ	狩	陶	ズ	パ	陶	業	品	動	陶
ル	法	撮	興	興	ズ	ハ	グ	画	動	リ	園	書	画	肥	興
ゲ	ラ	ム	法	グ	ン	写	撮	り	写	園	ゼ	ー	レ	料	ジ
法	ン	イ	ダ	釣	び	読	リ	影	陶	馬	び	真	真	猫	キ
牛	び	品	ャ	影	法	編	ル	影	み	喜	動	エ	書	狩	喜
ン	ズ	キ	絵	ャ	ハ	ズ	犬	ク	画	イ	画	イ	ふ	活	ジ
味	狩	ロ	バ	ム	ゼ	写	味	編	ゲ	ダ	写	キ	く	撮	ル
み	魔	品	ン	読	猟	芸	絵	り	撮	キ	法	法	ら	ク	シ
園	ム	ラ	プ	ズ	エ	キ	ー	画	品	ダ	リ	グ	は	喜	魔
ー	魔	ゲ	み	り	ー	味	ゲ	喜	ク	ズ	ラ	ダ	ぎ	画	り

農業	カラス
ふくらはぎ	ヘイ
ロバ	肥料
ヤギ	チキン
フィールド	蜂蜜
フェンス	群れ

72 - Livros

園	グ	イ	エ	レ	ハ	陶	ク	真	興	キ	ー	言	コ	ラ	プ
書	か	れ	た	読	者	味	小	パ	キ	ャ	ー	葉	レ	詩	編
ハ	ジ	編	発	明	ハ	陶	説	ャ	ダ	ラ	ン	味	ク	撮	狩
ゼ	ク	エ	書	ー	ダ	ニ	ゼ	味	魔	ク	芸	物	シ	編	シ
キ	ム	ー	グ	真	ナ	重	プ	動	プ	タ	陶	物	ョ	冒	芸
狩	物	ゼ	著	プ	レ	性	ー	味	ー	読	ン	ハ	読	編	険
真	編	芸	者	キ	ー	リ	ー	ト	ス	影	り	パ	み	真	園
パ	ャ	エ	釣	ム	タ	喜	撮	ク	ム	シ	園	写	ー	真	イ
活	興	ピ	ペ	影	ー	ダ	ル	エ	絵	法	り	画	陶	真	ゲ
ズ	エ	ッ	ー	ダ	ク	パ	関	文	ダ	物	ハ	ー	品	ゲ	ム
り	魔	ク	ジ	ー	レ	ク	連	学	陶	編	画	品	ズ	ズ	プ
芸	物	ゼ	ャ	ク	園	キ	す	真	芸	リ	物	動	ラ	レ	影
ハ	み	味	影	興	ダ	歴	る	画	プ	興	レ	み	レ	写	味
芸	狩	編	猟	真	活	法	史	ゼ	影	グ	エ	ー	興	芸	狩
撮	ジ	ハ	活	ダ	撮	ク	品	的	劇	悲	イ	園	読	猟	狩
味	興	イ	び	ム	ダ	活	興	動	物	ダ	物	陶	ハ	影	シ

著者	文学
冒険	ナレーター
コレクション	言葉
二重性	ページ
書かれた	キャラクター
エピック	関連する
ストーリー	小説
歴史的	シリーズ
発明	悲劇的
読者	

73 - Chocolate

品	キ	絵	芸	編	園	品	味	リ	ゲ	ハ	魔	書	香	ー	ジ
魔	イ	ー	り	キ	み	写	ゼ	書	ム	ム	ャ	エ	リ	ン	影
エ	ハ	シ	り	動	絵	画	喜	キ	書	ジ	み	ム	釣	絵	び
キ	ダ	ジ	ン	動	リ	品	読	物	編	動	興	キ	影	び	エ
ゾ	ゲ	活	ハ	エ	書	エ	ー	ル	絵	書	ズ	園	狩	画	味
チ	品	狩	ー	プ	陶	撮	ゼ	芸	エ	美	品	レ	味	絵	影
ッ	ゼ	品	魔	動	シ	コ	撮	り	編	味	質	ク	プ	撮	法
ク	酸	化	防	止	剤	読	コ	撮	イ	し	プ	ャ	パ	猟	読
カ	動	職	ズ	動	写	法	画	ナ	ピ	い	甘	イ	苦	い	読
ル	ロ	人	ダ	お	気	に	入	り	ッ	ー	ジ	ハ	オ	カ	カ
味	物	リ	レ	シ	ピ	ル	興	り	パ	ツ	ナ	陶	写	園	ラ
ク	シ	ー	ー	ジ	興	グ	活	物	動	ン	撮	ッ	キ	喜	メ
砂	糖	撮	芸	エ	書	園	物	ゲ	ク	絵	撮	編	ツ	ー	ル
陶	ゲ	ル	ラ	パ	グ	画	影	成	味	キ	魔	写	プ	エ	狩
イ	影	ズ	プ	ズ	ム	真	パ	分	真	り	園	狩	物	ハ	イ
ゲ	興	び	グ	ー	リ	陶	魔	品	ズ	キ	粉	釣	釣	画	編

砂糖	ココナッツ
苦い	美味しい
ピーナッツ	甘い
酸化防止剤	エキゾチック
香り	お気に入り
職人	成分
カカオ	品質
カロリー	レシピ
カラメル	

74 - Governo

エ	ダ	ハ	画	ク	ジ	プ	ス	ン	ク	び	ク	撮	み	読	画
ャ	法	ズ	ハ	編	猟	動	写	ピ	自	ー	等	釣	ム	イ	グ
リ	ー	ダ	ー	グ	活	シ	グ	芸	ー	由	平	和	魔	議	論
物	独	民	書	レ	影	撮	編	読	憲	チ	ゲ	喜	書	グ	シ
プ	立	主	書	園	陶	シ	シ	喜	律	法	ー	読	芸	味	キ
ハ	魔	主	品	ズ	パ	ク	物	真	ジ	リ	ゲ	影	興	読	ン
国	家	義	読	法	陶	シ	喜	ャ	キ	シ	編	読	政	治	プ
喜	芸	正	猟	パ	真	イ	イ	み	園	陶	ー	動	興	パ	ー
み	法	エ	レ	ジ	絵	ー	ゼ	書	市	民	権	写	撮	書	写
ク	ー	園	絵	ク	真	エ	イ	釣	影	品	読	ム	ラ	編	ラ
み	ジ	法	イ	狩	み	イ	キ	リ	釣	狩	狩	エ	み	陶	ゼ
味	写	物	動	影	絵	記	ャ	影	法	リ	グ	ル	ゼ	写	シ
真	パ	動	ム	ン	プ	念	味	グ	イ	司	書	ゲ	真	写	市
釣	撮	シ	真	魔	ダ	碑	園	絵	園	法	シ	ン	ボ	ル	民
興	品	読	み	読	影	編	り	物	ャ	シ	動	真	ジ	陶	工
動	ル	活	狩	パ	ワ	ー	陶	状	態	プ	狩	ラ	ム	興	書

市民権	正義
市民	法律
憲法	自由
民主主義	リーダー
スピーチ	記念碑
議論	国家
状態	平和
平等	パワー
独立	政治
司法	シンボル

75 - Jardinagem

```
ク ゲ エ 真 エ ホ 園 プ 猟 ン 芸 オ ハ 写 釣 プ
ゼ び リ キ エ ー キ 真 編 写 り ー ゲ び 魔 ャ
読 ズ エ 味 ゾ ス グ リ 狩 書 編 チ び キ 動 園
真 イ パ 園 魔 チ 種 芸 画 編 ゼ ャ 味 ハ ゲ ン
陶 動 イ 絵 ゼ リ ッ 子 物 ゲ ダ ー 魔 書 法 芸
喜 ズ ダ 興 活 読 陶 ク 画 活 プ ド ル 写 法
リ み 読 ー 束 花 影 品 エ 喜 イ 興 ズ び プ 興
土 キ 味 び 書 食 真 興 園 ズ ゲ 編 植 興 編 品
フ ロ ー ラ ル 用 イ 陶 書 み 撮 り 物 釣 葉 分
魔 影 ゲ 釣 芸 猟 ク ゼ 狩 真 魔 品 影 法 魔 水
味 り ク ダ ダ グ ン シ 園 ル グ 活 影 絵 味 リ
ン 編 ズ ズ 釣 エ み 影 グ 味 ハ イ レ 読 り 影
み 喜 魔 魔 季 レ み ャ 動 み み ラ イ 泥 書 猟
気 ダ ゲ リ 節 び み 絵 リ び 堆 肥 ー ー 影 品
ラ 候 写 ズ 画 法 興 物 味 興 ク 容 キ 読 ム 物
猟 び ゲ 真 ダ プ ル び り ン 興 器 喜 ム 魔 パ
```

植物	ホース
花束	オーチャード
気候	容器
食用	季節
堆肥	種子
エキゾチック	水分
フローラル	

76 - Profissões #2

```
ャ キ ゼ ゲ 味 イ 陶 イ キ 読 宇 画 影 ハ ル 撮
外 庭 魔 芸 魔 パ エ ム 釣 り 宙 ゲ 魔 ハ 喜 レ
科 師 ズ 画 ー イ 影 ン ゼ キ 飛 法 シ 魔 み 司
医 り ゼ 物 ハ ロ 農 読 ジ 活 行 画 家 真 写 書
写 ジ 編 法 ゲ ッ 書 家 喜 ニ 士 ハ 医 魔 画 魔
哲 陶 み 撮 狩 ト レ 編 書 物 ア 猟 師 ャ 釣 書
法 学 イ ラ ス ト レ ー タ ー 陶 芸 ハ ダ ゲ エ
キ ク 者 明 発 ハ 釣 魔 活 ル 陶 釣 リ 書 ラ 芸
り イ 究 ジ ャ ー ナ リ ス ト 編 写 先 生 真 ン
真 猟 研 絵 パ 言 イ リ イ 写 読 編 工 編 物 ン
狩 法 絵 真 グ 語 陶 狩 写 ハ 法 法 み 陶 陶 ジ
シ ジ 猟 画 歯 学 陶 ジ 真 ハ 芸 ク ー ダ ゲ ゼ
魔 プ イ ー 医 者 ズ 真 絵 影 喜 猟 ジ 法 活 ャ
活 エ ル び 者 学 物 生 釣 プ 法 書 写 ズ 狩 興
真 グ 味 影 書 物 リ 陶 真 影 み シ ダ 釣 イ リ
猟 パ ゼ ャ 興 動 レ 絵 園 ク ン み リ 品 ー 写
```

農家	発明者
宇宙飛行士	研究者
司書	庭師
生物学者	ジャーナリスト
外科医	言語学者
歯医者	医師
エンジニア	パイロット
哲学者	画家
写真家	先生
イラストレーター	動物学者

園	味	品	シ	び	ハ	び	パ	読	エ	ム	シ	猟	芸	店	グ
ゲ	エ	エ	シ	書	ラ	真	融	絵	場	魔	キ	興	ム	狩
画	画	エ	所	得	陶	物	税	金	お	シ	シ	狩	ゲ	影	ム
経	写	経	ラ	狩	興	プ	ム	絵	グ	レ	園	興	ャ	ハ	影
済	ク	歴	り	絵	パ	レ	エ	ー	キ	ム	芸	品	品	ン	書
学	リ	動	読	雇	用	者	ズ	イ	ル	品	編	味	シ	物	釣
園	ダ	喜	ャ	品	通	会	魔	影	園	レ	リ	レ	ジ	撮	ジ
費	用	動	法	ジ	貨	釣	社	釣	書	販	オ	フ	ィ	ス	グ
影	ー	み	味	法	編	物	狩	喜	売	イ	グ	ゲ	喜	リ	ダ
釣	り	ク	物	狩	真	ゲ	ゼ	猟	釣	プ	パ	ズ	物	陶	芸
ク	法	活	商	魔	読	シ	レ	み	ク	割	パ	芸	ー	ン	ダ
ム	イ	び	品	書	園	ゲ	ゲ	写	興	編	引	狩	写	イ	レ
み	パ	画	活	味	レ	狩	魔	り	エ	シ	動	利	魔	み	読
品	書	エ	ル	り	投	資	予	リ	画	活	リ	益	エ	び	読
グ	芸	味	エ	物	芸	ム	活	算	従	業	員	芸	み	び	法
物	真	真	陶	魔	画	ム	ジ	書	プ	釣	魔	グ	猟	び	り

経歴	金融
費用	税金
割引	投資
お金	利益
経済学	商品
従業員	通貨
雇用者	予算
会社	所得
オフィス	販売
工場	

78 - Fazenda #2

ミオー影真グ画味影画法農灌ズゼ魔
ルゼオ活味味リ影釣影魔家漑りエ影
クンン興読品釣ジハンシ狩園りン画
書ャ狩ジギ興ル画ダびンりー芸喜ゲ
ン書キラレ羊飼いラ芸品ジ物イ動猟
読園みマ子品イシツオガチョウラコ
小ズ品ー活パりャ読画ータクラトー
び麦読ラ猟魔喜陶編ゲチル真芸編ン
写興ル品狩イびパグ猟ャプフ書リグ
陶影書シ釣ル釣編び画ー猟物パプキ
活ゲ興グ真陶真ア猟パド園蜂読釣品
イム喜活物画法ヒ園魔ン猟の釣シイ
画品真ルジ画レルシ芸魔絵巣エび猟
ゲンズハジシン狩読野菜猟納活芸釣
読牧草地ハダ活ゼ興ラキグ屋ン編絵
ジ猟エダ芸ーハ読シキみシャ動物絵

農家　　　　　　　　　ラマ
動物　　　　　　　　　コーン
納屋　　　　　　　　　羊飼い
オオムギ　　　　　　　アヒル
蜂の巣　　　　　　　　オーチャード
子羊　　　　　　　　　牧草地
フルーツ　　　　　　　トラクター
ガチョウ　　　　　　　小麦
灌漑　　　　　　　　　野菜
ミルク

79 - Jardim

```
り レ 園 土 魔 木 動 ゲ シ エ み シ 動 法 動 写
プ 書 狩 ャ 撮 魔 シ ベ ル キ り 画 編 ル 釣
キ ラ 園 イ 品 書 び 書 芸 ク み 真 ク び ゲ ャ
び 写 み エ エ 絵 庭 熊 手 喜 狩 レ び パ 物 動
ゼ ハ 読 ズ 影 撮 釣 釣 び プ 動 プ パ 物 陶
ム ン 写 ン リ ゼ 味 ク ゼ 画 プ 園 エ リ ズ
園 モ ン シ 花 芸 画 ラ ダ 編 動 グ 画 絵
狩 ッ ー ト フ ェ ン ス キ プ 絵 ャ ル 写 読 グ
キ ク 味 ラ オ ー チ ャ ー ド ガ 書 ル 法 書
プ ル グ ン 法 活 ー レ グ イ ベ レ キ 撮 読
イ 釣 真 ポ び ゲ ポ み ー キ ン 釣 ー 味 ズ ゼ
画 ダ ゼ リ パ 絵 芸 パ 物 チ 魔 リ ジ ハ 狩
活 イ 影 ン び 画 魔 ホ イ プ パ 興 ゼ ゲ 画 ジ
ー 影 ジ 法 魔 動 釣 ー ク び ジ イ 池 影 読 ズ
読 芝 ゲ び ム ー 園 ス ラ テ り プ レ グ レ 読
狩 生 ル ズ 撮 ゼ 味 雑 草 ク 物 ブ ッ シ ュ 興
```

熊手	ハンモック
ブッシュ	ホース
ベンチ	シャベル
フェンス	オーチャード
雑草	テラス
ガレージ	トランポリン
芝生	ポーチ

80 - Oceano

書	興	潮	汐	ズ	絵	陶	読	プ	画	み	エ	シ	味	猟	絵
ン	み	動	ズ	ク	興	味	イ	法	グ	エ	画	ャ	エ	画	キ
ス	ム	ズ	ャ	ズ	味	釣	味	イ	び	び	ジ	ジ	ビ	写	写
興	ポ	喜	ゲ	ズ	ン	影	イ	ゲ	陶	ン	物	ム	編	ャ	興
パ	ジ	ン	興	狩	び	狩	ル	ラ	ー	コ	魔	品	ゲ	芸	法
ク	ハ	ジ	ジ	ッ	プ	ダ	カ	ー	キ	ム	読	喜	真	エ	猟
ル	ズ	書	書	ナ	釣	り	真	ー	イ	塩	リ	ー	喜	画	パ
ー	喜	エ	ン	編	芸	法	絵	読	写	た	ー	エ	写	動	ル
味	ゼ	魔	り	影	法	陶	魔	ジ	ズ	み	こ	フ	写	リ	動
イ	ゲ	み	魔	書	り	読	写	レ	真	写	ダ	動	パ	品	ク
釣	カ	真	読	ハ	喜	撮	写	陶	活	動	写	写	鯨	ボ	影
ラ	ニ	魚	魔	園	レ	プ	ダ	カ	ム	ー	ン	グ	真	ー	ク
び	イ	波	書	レ	物	魔	り	イ	キ	う	法	レ	び	ト	パ
嵐	編	シ	画	ジ	イ	ジ	読	ジ	エ	な	ラ	法	ン	ゲ	魔
書	魔	ズ	魔	品	猟	芸	イ	ゼ	ー	ぎ	び	み	猟	ハ	ハ
り	プ	ム	パ	鮫	物	ャ	読	編	カ	メ	撮	リ	興	園	陶

ツナ	イルカ
ボート	潮汐
エビ	クラゲ
カニ	カキ
コーラル	たこ
うなぎ	リーフ
スポンジ	カメ

81 - Profissões #1

ア	宝	石	商	ム	ジ	猟	科	ゼ	興	味	消	魔	獣	セ	品
天	ー	ン	キ	り	編	プ	学	ク	狩	ダ	防	味	医	ー	動
文	ン	テ	ゲ	味	ゲ	編	者	学	理	心	士	狩	ラ	ラ	品
学	パ	釣	ィ	撮	イ	動	プ	り	撮	喜	レ	猟	ラ	味	ラン
者	ム	園	画	ス	地	ピ	ア	ニ	ス	ト	活	び	ハ	喜	ラン
ジ	弁	ジ	読	撮	ト	図	園	音	ハ	ン	タ	ー	喜	銀	法
婦	護	看	ジ	キ	ャ	編	製	ジ	楽	み	り	絵	ム	行	狩
画	士	動	品	シ	園	集	品	作	ル	家	影	物	ャ	家	撮
ラ	び	り	配	写	猟	者	ラ	ン	者	学	質	地	ダ	絵	ル
絵	法	ー	管	法	陶	撮	編	ズ	ハ	法	画	動	シ	ー	喜
ダ	グ	真	エ	イ	撮	プ	品	り	動	写	び	影	ム	芸	ジ
品	猟	画	物	活	園	ズ	レ	シ	狩	ム	リ	芸	狩	ャ	リ
物	ラ	リ	グ	画	園	び	リ	影	興	ー	り	ラ	ー	ゼ	踊
大	芸	写	喜	狩	シ	ー	画	ゲ	ハ	ム	画	興	ク	ハ	り
使	品	動	ル	ク	喜	シ	び	狩	読	リ	び	法	撮	び	子
み	キ	み	魔	書	猟	品	ダ	ム	ゼ	パ	レ	読	法	編	書

弁護士	大使
アーティスト	配管工
天文学者	看護婦
銀行家	地質学者
消防士	宝石商
ハンター	セーラー
地図製作者	音楽家
科学者	ピアニスト
踊り子	心理学者
編集者	獣医

82 - Força e Gravidade

ン	影	イ	園	ゼ	グ	書	動	磁	ユ	ニ	バ	ー	サ	ル	ゲ
み	響	園	法	ク	イ	レ	軌	狩	気	写	撮	法	物	ラ	読
園	ラ	ャ	ゲ	ズ	狩	時	真	道	ク	ン	ゲ	速	圧	カ	園
ン	釣	影	芸	真	ゼ	ゼ	間	書	釣	ム	キ	度	魔	キ	真
び	リ	プ	影	味	書	真	ン	画	写	拡	猟	り	絵	イ	興
ゲ	ム	猟	キ	カ	学	釣	軸	プ	ル	張	芸	パ	釣	ク	撮
絵	絵	絵	み	ゲ	理	ー	活	ロ	ジ	キ	味	魔	品	レ	ハ
絵	活	レ	キ	写	物	マ	狩	パ	ゲ	物	狩	ラ	イ	レ	レ
物	喜	ズ	絵	プ	パ	グ	喜	テ	摩	擦	影	シ	キ	芸	園
プ	釣	ャ	園	ク	写	ニ	芸	ィ	読	法	ジ	ル	物	影	レ
み	狩	プ	シ	重	さ	チ	写	編	発	見	動	撮	喜	シ	撮
園	園	喜	ハ	パ	エ	ュ	ジ	レ	狩	絵	的	ジ	芸	グ	品
猟	グ	ズ	写	リ	エ	ー	タ	ン	セ	ゼ	ン	ー	グ	グ	ー
陶	パ	写	魔	法	ゲ	ド	キ	ゲ	ゼ	レ	書	影	ャ	興	ゼ
り	陶	プ	ゼ	ハ	距	品	書	影	猟	絵	惑	星	動	ル	キ
影	り	キ	み	芸	離	味	動	影	ル	び	活	釣	ン	リ	品

摩擦	力学
センター	軌道
発見	重さ
動的	惑星
距離	圧力
拡張	プロパティ
物理学	速度
影響	時間
磁気	ユニバーサル
マグニチュード	

83 - Abelhas

```
シ ル ム イ ャ パ り 狩 喜 パ ダ リ ン シ 芸 真
猟 ル 猟 編 り 読 狩 り ハ ゼ ズ ジ ワ ッ ク ス
庭 多 様 性 書 ハ パ ャ 影 魔 ゲ 園 物 芸 グ ャ ム
絵 ジ ゼ 狩 物 芸 グ 真 み ハ 活 芸 芸 猟 リ 影 エ
昆 イ キ 動 ン ゼ 写 み ゼ 撮 シ 撮 プ 猟 れ 太
り 虫 魔 園 ズ 写 書 ゼ 撮 味 プ 芸 絵 群 れ 生 陽
狩 釣 読 魔 書 絵 ク ク パ プ 芸 ン ラ ャ 態 狩
レ 狩 イ ゼ 喜 び エ り パ ゲ ャ 活 巣 釣 系 喜
狩 ゲ 喜 ー 読 動 ン プ プ み グ び ク 箱 系 ク
フ ル ー ツ 絵 品 猟 り 書 法 ゲ み ー グ 有 品
ゲ 味 芸 猟 物 み 花 書 園 編 編 エ ゲ パ 益 法
リ ク 猟 ー ル 撮 ク 粉 ズ 園 魔 法 ル 影 プ 翼
陶 読 ゼ み 園 レ み リ 絵 み ゼ ム 狩 狩 釣 写
興 ル 魔 ン ク 絵 ズ ダ 猟 味 ゼ 猟 陶 編 パ キ
影 喜 煙 女 王 真 ハ 法 蜂 蜜 品 喜 狩 魔 ハ シ
び 植 物 喜 生 息 地 読 ハ み ハ 花 プ 陶 影
```

有益	生息地
ワックス	昆虫
巣箱	蜂蜜
多様性	植物
生態系	花粉
群れ	女王
フルーツ	太陽

84 - Ciência

工	陶	影	絵	び	工	植	活	読	ル	真	魔	み	釣	影	り
興	魔	物	仮	パ	動	物	編	ハ	ゲ	重	カ	イ	デ	粒	子
プ	ル	編	説	ル	読	一	石	ジ	狩	イ	パ	タ	興	ゲ	読
読	猟	プ	芸	画	絵	進	化	影	ダ	パ	タ	自	み	陶	読
陶	動	レ	釣	写	パ	物	真	リ	芸	活	自	然	絵	読	
編	リ	ズ	画	エ	真	編	真	ル	ズ	喜	法	然	編	猟	
撮	写	魔	ゼ	気	み	一	撮	撮	り	絵	ク	ハ	編	猟	ハ
活	画	ャ	み	候	シ	物	釣	イ	真	ク	ハ	リ	レ	活	
ズ	ゼ	品	画	画	り	者	陶	ラ	観	察	編	活	レ	ハ	
ジ	分	事	実	ン	品	薬	学	化	園	究	室	ハ	原	子	
グ	子	ル	芸	写	狩	科	研	究	法	一	興	物	画	ミ	ネ
釣	び	ジ	法	リ	ゲ	猟	り	ジ	み	写	釣	撮	ン	ラ	ル
ラ	ダ	画	エ	撮	読	編	ム	ジ	ダ	ャ	写	リ	撮	影	シ
ャ	写	ハ	り	撮	み	ク	絵	ダ	ャ	写	リ	ラ	撮	喜	グ
生	物	撮	園	興	ク	芸	方	書	り	び	ラ	撮	影	ズ	動
キ	ハ	品	動	園	キ	レ	法	法	プ	品	ラ	ダ	ゼ	ズ	動

原子	研究室
科学者	方法
気候	ミネラル
データ	分子
進化	自然
事実	観察
物理学	生物
化石	粒子
重力	植物
仮説	化学薬品

85 - Cores

```
パ 品 ー 撮 魔 写 活 真 イ プ シ グ リ ジ ク ダ ル
び ク 興 活 レ 真 狩 ハ 写 緑 ゼ 絵 陶 写 ダ ル
撮 シ 物 パ ア リ 青 編 グ ブ 赤 ル ズ 物 影 園
絵 ム ゲ ハ シ ピ ン ク 釣 ラ 味 味 ハ イ プ 読
エ プ 影 リ ク 動 セ 法 ト ッ レ オ イ バ 動 ル
動 品 シ 味 フ 動 マ ム 影 ク 動 画 み ン 法 猟
オ び ム 影 キ 園 ゼ レ ハ 法 品 パ 猟 魔 ー ハ
レ 真 エ ジ ダ シ ン ゾ ム リ ク び 画 撮 エ イ
ン ズ り 動 味 興 タ パ ズ ー 興 イ ム 撮 ゼ ベ
ジ 読 絵 紫 キ 魔 シ パ グ レ ー ム 白 い 喜 ー
読 画 ク キ ズ ャ ー ズ パ 喜 ャ エ ム 品 ン ジ
み 書 エ ム ゼ プ 芸 リ 動 ク 品 真 物 エ エ ュ
狩 リ パ 魔 ク ジ ャ 黄 狩 魔 撮 味 興 法 法 り
レ 法 画 茶 物 編 真 色 ャ 猟 園 画 真 影 リ ン
絵 ム 喜 絵 色 法 一 芸 ム 真 ダ 味 興 猟 み ジ
興 シ ア ン 魔 味 り 撮 園 み 動 ゼ 絵 猟 園 猟
```

黄色	オレンジ
ベージュ	マゼンタ
白い	茶色
クリムゾン	ブラック
シアン	ピンク
グレー	セピア
フクシア	バイオレット

86 - Comida #1

影	活	に	ン	魔	ツ	ミ	ズ	ン	キ	ー	玉	ゼ	釣	釣	写
活	プ	喜	ん	パ	ナ	ル	サ	ラ	ダ	書	絵	葱	み	イ	影
ジ	ム	芸	絵	じ	影	ク	シ	レ	ケ	ゼ	法	法	写	読	品
釣	ニ	活	撮	読	ん	落	花	生	ー	ほ	う	れ	ん	草	ク
味	ン	魔	絵	ゼ	ジ	動	リ	物	キ	絵	喜	プ	砂	糖	ム
パ	ニ	狩	レ	プ	エ	絵	リ	ク	ン	ル	猟	ー	ー	法	物
び	ク	パ	パ	影	ン	活	オ	画	動	喜	プ	ジ	撮	陶	真
ス	ー	プ	品	物	び	読	り	オ	び	釣	り	ャ	プ	ム	び
ー	書	ル	法	芸	ゲ	絵	ク	猟	ム	プ	真	レ	ズ	活	動
ュ	ー	陶	ハ	び	活	物	書	喜	ア	ギ	シ	モ	読	り	絵
ジ	猟	動	パ	り	編	撮	写	イ	プ	シ	釣	ン	ン	パ	ハ
カ	ブ	法	喜	ラ	喜	画	ジ	猟	リ	ナ	真	喜	苺	ル	ラ
画	ル	味	ャ	物	猟	動	絵	ゼ	コ	モ	ー	興	ズ	魔	芸
バ	ジ	ル	芸	ジ	ク	芸	ジ	撮	ッ	ン	グ	ゲ	活	エ	ダ
魔	プ	ン	法	イ	レ	読	ジ	ン	ト	陶	イ	動	画	陶	ラ
グ	イ	パ	キ	芸	ラ	塩	ゲ	法	み	活	味	レ	エ	プ	写

砂糖	アプリコット
ニンニク	ほうれん草
落花生	ミルク
ツナ	レモン
ケーキ	バジル
シナモン	カブ
玉葱	サラダ
にんじん	スープ
オオムギ	ジュース

87 - Geometria

品	書	書	真	ー	ダ	ク	ク	プ	グ	撮	品	読	ハ	読	エ
ズ	興	法	キ	画	物	キ	グ	グ	活	品	パ	ジ	ム	び	画
理	ズ	キ	魔	陶	み	ゼ	狩	プ	ハ	レ	パ	ゼ	真	り	書
論	活	ラ	ン	園	び	ゼ	シ	書	魔	割	合	ル	法	猟	ゲ
表	活	陶	園	撮	猟	キ	ム	ズ	喜	垂	直	撮	円	曲	線
面	法	ル	動	編	法	プ	撮	キ	み	ラ	セ	プ	品	ル	味
ゼ	ゼ	直	径	画	三	度	魔	陶	活	釣	グ	読	編	陶	プ
釣	品	ャ	次	み	絵	角	ラ	シ	シ	釣	ダ	メ	編	喜	興
レ	び	読	元	び	プ	味	形	ダ	パ	釣	ン	ル	影	猟	ム
撮	写	喜	猟	撮	ー	読	イ	園	高	さ	ト	書	水	絵	味
ル	活	動	ラ	法	動	興	ダ	ダ	動	ー	プ	猟	平	影	活
リ	釣	平	ゼ	ー	り	ン	質	ゲ	ダ	ム	猟	撮	写	エ	読
ャ	ダ	読	行	ダ	ゲ	シ	計	量	味	エ	読	魔	パ	り	グ
陶	写	方	程	式	園	絵	算	ゼ	ク	ゲ	ク	中	央	値	陶
園	レ	ム	イ	物	び	絵	興	書	一	り	ゲ	芸	パ	猟	読
芸	み	対	称	編	撮	ハ	園	味	ゼ	パ	エ	味	ク	び	撮

高さ	中央値
角度	平行
計算	割合
曲線	セグメント
直径	対称
次元	表面
方程式	理論
水平	三角形
論理	垂直
質量	

88 - Pássaros

フ	物	園	園	ダ	魔	み	ダ	ム	真	パ	ラ	ル	写	読	リ
ラ	ゲ	ク	グ	猟	ー	ゼ	魔	写	真	書	プ	ヒ	み	ハ	ラ
ミ	ス	ズ	メ	リ	グ	狩	真	影	ル	読	興	ア	リ	パ	み
ン	影	園	ラ	法	園	ン	シ	み	芸	プ	ズ	リ	影	品	撮
ゴ	グ	園	ル	法	興	ン	ン	陶	グ	狩	猟	ナ	園	ダ	ラ
動	キ	園	キ	イ	書	物	ジ	絵	キ	シ	ー	カ	び	読	ゼ
グ	白	ズ	ン	味	グ	ゼ	味	興	動	ハ	パ	ラ	狩	撮	猟
法	鳥	陶	編	エ	ゼ	ル	釣	味	プ	オ	グ	ス	喜	ー	釣
品	絵	真	び	ゲ	絵	品	ン	ム	ウ	オ	読	ハ	ム	ク	陶
シ	猟	物	動	サ	ギ	卵	活	ジ	コ	画	猟	リ	猟		陶
ル	ー	ラ	ジ	興	芸	ジ	ウ	ョ	チ	ダ	ッ	り	芸	ク	び
ズ	撮	ダ	編	喜	み	ム	影	ガ	ペ	リ	カ	ン	エ		ダ
ル	カ	法	パ	ラ	ャ	シ	エ	パ	グ	ト	品	ギ	レ		リ
ク	真	モ	ジ	ジ	撮	び	キ	エ	狩	ノ	ジ	ン	び		び
味	パ	芸	メ	ン	チ	キ	ン	エ	真	ク	ウ	絵	ペ	興	り
孔	雀	喜	み	ャ	ム	プ	味	陶	み	絵	コ	エ	り	物	鷲

ダチョウ	ガチョウ
カナリア	サギ
コウノトリ	オウム
白鳥	スズメ
カラス	アヒル
カッコウ	孔雀
フラミンゴ	ペリカン
チキン	ペンギン
カモメ	オオハシ

89 - Literatura

```
イゼ釣法テハ読グ写ャパ動動ン比較
リズム詩類ー韻陶プび撮ーリンレシ
影ゲャ品推タマびャ園動ク狩グび味
ゲジ絵みグーリイ芸画イグパ伝記ム
意真ズ芸真レゼ園写品シラレ品ンエ
見ゲ動ルジナ影釣魔び品説明ンスタ喜
絵芸エャャ書パム狩ム編読グ狩タイル
プゲャ絵小ャーエ影ンプ分パびイ悲
興物真書ャキリーシみ析陶芸ル劇
キ撮ズ法絵キジエ書エゲ真み活猟
味園ャラグンーび写猟ル比喩パープ
著魔レエリジー味編クゲラシ法レ園
イ者エプキ猟パル猟品書ラハリムリ
書ー釣対フィクションキ釣レびリ
結画ラ話ゼイ影ゼ活猟影イ陶釣影喜
論ルり影逸プゼ動法り興レジハ魔ラ
```

類推　　　　　　　　スタイル
分析　　　　　　　　フィクション
逸話　　　　　　　　比喩
著者　　　　　　　　ナレーター
伝記　　　　　　　　意見
比較　　　　　　　　リズム
結論　　　　　　　　小説
説明　　　　　　　　テーマ
対話　　　　　　　　悲劇

90 - Química

```
画 陶 ン 猟 活 温 ダ み パ プ 釣 グ 品 び 陶 プ
興 物 ズ ラ レ 度 グ ン ル 魔 編 法 動 読 芸 ゲ
狩 陶 品 ダ 物 み 釣 ン ズ 園 ズ ャ 物 影 炭 素
ラ 電 子 ム 水 素 魔 リ ハ ズ シ イ 影 レ り 酸
酵 素 釣 分 素 興 園 品 法 画 イ オ ン び ズ エ
プ 活 ジ 物 レ 熱 ダ 猟 活 真 エ 撮 喜 芸 び 品
喜 ハ 芸 動 書 品 液 真 物 猟 ゼ 釣 性 触 キ 陶
品 ハ 物 真 ズ ム 体 パ 猟 ゼ カ 影 媒 喜 び 味
書 リ シ 要 素 魔 レ レ アル カ リ 性 影 ジ 品 レ
絵 読 法 ハ 工 芸 レ ゲ イ ゲ ダ 編 園 編 り ル
パ び 編 ー 活 プ ク ラ ル ダ ル 芸 興 パ ク 写
ハ 重 さ 写 真 絵 ン 狩 エ プ 興 味 パ リ ガ ク
興 ン 喜 絵 ハ ゼ ラ ク ャ 猟 興 み 画 ハ ス ル
釣 イ 活 猟 リ 絵 ク び ャ 編 興 書 法 イ 核 塩
品 魔 ー グ ハ 有 機 ン キ 味 動 写 狩 喜 素 真
リ シ エ 撮 ハ 書 ダ パ キ び 動 写 キ 味 釣 真
```

アルカリ性   水素
炭素   イオン
触媒   液体
塩素   分子
要素   有機
電子   酸素
酵素   重さ
ガス   温度

91 - Clima

```
ゲ 魔 魔 レ ハ ク ム 絵 影 リ キ 品 旱 竜 巻 動
ャ ン 絵 動 リ イ ゲ 猟 パ 興 キ ン 魃 ハ パ 品
興 ャ ム 魔 ケ 芸 レ パ ル 写 写 そ ゲ び キ 園
魔 ン 狩 グ ー 雷 陶 書 ャ 法 稲 よ 園 グ プ 真
活 気 極 性 ン ズ ャ グ み シ 妻 風 影 喜 読 レ
イ 候 り 書 魔 ド ダ ダ 園 ラ 真 魔 温 ト 釣 ン
品 ハ ジ パ グ リ ラ 雰 囲 気 空 陶 度 ロ パ モ
写 ン 味 イ 物 ク 喜 イ 狩 エ ン キ 釣 ピ 興 ン
動 絵 芸 ム 編 写 ズ グ イ み 味 猟 書 カ 法 ス
画 絵 雲 写 ク ズ 法 キ 霧 読 ゲ 喜 興 ル ャ ー
シ 狩 ラ 喜 魔 物 活 風 魔 エ 真 猟 興 撮 シ ン
釣 レ 釣 物 ゼ ク 絵 ー プ 影 興 プ ダ 魔 イ 芸
ー ム ル 猟 猟 イ ゲ 魔 書 ラ 猟 り 興 ラ ダ ダ
ダ ジ 園 興 嵐 ジ 影 喜 編 ハ 書 ゲ 品 ゲ 編 ム
園 品 虹 動 ハ 氷 ン ジ り 影 ズ 釣 法 絵 キ 編
ム ル 芸 み グ 読 ジ グ リ み レ 物 ム キ 物 ン
```

雰囲気	稲妻
そよ風	旱魃
気候	ドライ
ハリケーン	温度
モンスーン	竜巻
極性	トロピカル

92 - Tecnologia

キ	み	み	ゲ	味	ジ	ソ	ズ	エ	園	書	ズ	画	レ	真	デ
ル	動	喜	ゼ	園	ズ	ム	フ	リ	ー	リ	画	キ	ャ	り	ー
フ	ァ	イ	ル	カ	ー	ソ	ル	ト	ッ	ネ	ー	タ	ン	イ	タ
デ	ゼ	イ	プ	リ	ゼ	ス	ル	イ	ウ	み	レ	ー	キ	物	影
キ	ジ	ム	パ	ャ	り	シ	影	バ	シ	ェ	読	ュ	ル	編	品
書	り	タ	猟	猟	イ	プ	ダ	ジ	法	猟	ア	ピ	画	面	み
み	品	ラ	ル	び	書	画	キ	芸	び	猟	動	ン	リ	活	活
り	法	ン	エ	狩	エ	品	喜	喜	編	び	猟	コ	み	プ	猟
ズ	ク	陶	ジ	ブ	ロ	グ	パ	釣	ル	ー	狩	ズ	物	パ	写
写	真	カ	ル	ム	猟	狩	陶	猟	プ	狩	品	釣	一	影	ハ
狩	仮	メ	ゼ	狩	陶	リ	写	ラ	統	メ	味	書	ゲ	品	撮
イ	想	ラ	ブ	り	法	ゲ	ル	ー	計	ッ	味	ャ	法	猟	
活	ン	ゼ	ゼ	ラ	安	全	真	編	リ	セ	ー	興	味	興	書
猟	ハ	イ	書	活	ウ	撮	研	究	ダ	ー	ク	キ	釣	写	写
エ	興	プ	ー	ラ	ズ	ザ	写	ゲ	喜	ジ	み	狩	動	ラ	写
シ	ク	フ	ォ	ン	ト	ゼ	ゼ	写	シ	ラ	園	品	書	狩	狩

ファイル	インターネット
ブログ	メッセージ
バイト	ブラウザ
カメラ	研究
コンピュータ	安全
カーソル	ソフトウェア
データ	画面
デジタル	仮想
統計	ウイルス
フォント	

93 - Arte

```
猟 動 絵 編 シ 絵 パ び 写 ー イ 絵 セ シ ラ 真
り プ び リ 詩 ン ル 書 ル 編 ン 画 ラ 品 ダ 件
絵 味 真 シ 釣 撮 ボ 魔 アー ス ン ミ 写 ャ 名
興 読 ム ス リ ア レ ル ュ シ パ 影 ッ ゼ パ 読
書 ラ 物 ク 狩 ル 書 ナ ジ ャ イ シ ク ン 法 喜
ゲ ム ゲ 品 ル 喜 編 ジ ビ ラ ヤ り 繁 雑 ハ ャ
品 ム シ 編 個 人 的 リ 読 シ さ ハ ム 彫 パ プ
ク ゼ 物 気 分 法 グ オ ダ 魔 れ び 芸 刻 キ 法
ゼ 物 影 構 ー 影 り 動 ク 猟 た 読 レ 編 ル ム
魔 品 ム 動 成 ズ パ 撮 び 絵 ー 園 撮 作 み 魔
レ 書 陶 陶 ー イ 品 表 現 喜 興 エ プ 成 り 園
園 ム 正 シ 園 猟 写 釣 法 動 釣 喜 ゲ ダ 書 エ
書 イ ク 直 動 影 ハ ハ 物 撮 猟 品 猟 エ 描 く
パ 真 エ リ 書 狩 ム 猟 狩 ク リ キ グ ゼ 物 魔
ー パ プ 編 活 読 キ ダ ャ エ ゼ ゼ 喜 興 リ 釣
シ プ び り プ ル イ 喜 物 真 猟 猟 動 ゼ 味 イ
```

セラミック	オリジナル
繁雑	個人的
構成	絵画
作成	描く
彫刻	シンボル
表現	件名
正直	シュルレアリスム
気分	ビジュアル
インスパイヤされた	

94 - Diplomacia

```
読 ク 狩 ジ ャ 書 パ 言 府 政 興 リ み 対 プ 絵
リ パ 芸 品 ダ 釣 語 写 治 狩 活 ー 立 グ ム
み 読 味 味 パ み プ 写 プ パ 喜 味 影 撮 ー
猟 び 議 論 パ ン 影 陶 市 編 ン 真 イ パ 陶
人 道 主 義 者 パ 読 法 エ シ 民 み 動 ー ゼ プ ジ
ゼ 活 画 シ 写 ゲ ハ 真 味 味 園 ゼ 品 味 エ プ ジ
ハ 書 ク ハ 大 ン 陶 釣 ズ 読 シ 品 魔 グ シ 写 ゲ
活 猟 倫 理 使 写 パ ン ャ 書 グ 品 写 活 書 ゲ
影 パ 写 陶 活 魔 陶 陶 ム ジ 活 ル 真 ズ ー 興
陶 喜 猟 釣 喜 ム 編 興 画 ン み 味 絵 喜 画
ン シ ク ン キ 編 ャ ジ 外 交 解 ミ 法 ン レ 法
安 全 ル 写 ク ム シ 物 影 正 像 ュ 大 使 館 ャ
リ 物 魔 み ハ ゲ ダ 狩 リ 義 度 ニ ン 法 猟 レ
書 条 リ 法 影 撮 釣 ク キ エ パ ン テ 品 品 真 絵
喜 約 協 写 真 ゲ リ 読 顧 写 撮 ィ 整 合 性 編
ジ イ 写 カ 撮 り 魔 絵 物 問 猟 陶 キ 解 決 ラ
```

市民	政府
コミュニティ	人道主義者
対立	整合性
顧問	正義
協力	言語
外交	政治
議論	解像度
大使館	安全
大使	解決
倫理	条約

95 - Comida # 2

```
バ ゲ 法 芸 ブ び 小 キ エ 影 ハ 動 狩 キ ウ イ
ナ み み ル 釣 ロ 麦 陶 編 ダ 読 シ 書 り レ 動
ナ 猟 編 リ ル プ ッ ア ゲ 活 ヨ ハ ム ゼ ー 魔
動 書 真 興 シ ゼ ゲ コ 喜 ゲ ー リ ェ チ ン 写
魚 芸 グ ジ 絵 真 味 ノ リ ク グ 園 ム 釣 ー 写
シ 真 魔 写 釣 プ ル キ 影 ー ル 活 画 ン 物 ズ チ
品 ズ 園 ハ 動 ク 読 書 プ ョ ト ー レ コ ョ 写
茄 子 ゼ 興 ハ ゲ 釣 ー 法 チ マ り 書 ク ゼ 写
法 喜 エ プ 影 ア ク 読 猟 ィ ト 動 ゲ イ 編 レ
キ 撮 り ゲ 猟 イ ー 葡 萄 テ 猟 ム レ グ グ ダ
ハ 活 影 ダ 興 ン 写 モ ン ー ズ み キ 品 り グ
活 ゼ 猟 ャ 絵 ャ 読 真 ン ア ダ ジ ム ク 狩 物
み ム ャ 編 リ 書 園 ラ キ ド 陶 卵 米 グ 物 ダ
写 イ 撮 味 写 ン 動 ダ チ ハ 猟 書 編 ジ ハ ム
エ ゲ 絵 喜 エ ズ 味 法 芸 物 味 興 編 釣 ハ ル
キ ル 品 編 狩 ム 猟 ゼ 写 読 グ ラ シ エ ャ 狩
```

アーティチョーク	ヨーグルト
アーモンド	キウイ
バナナ	アップル
茄子	ハム
ブロッコリー	チーズ
チェリー	トマト
チョコレート	小麦
キノコ	葡萄
チキン	

96 - Universo

```
ハ ハ 影 味 コ シ 至 陶 工 編 パ 読 リ プ 絵 真
リ 園 ー り び ズ 点 ル 体 釣 み 影 活 喜 釣 絵
法 プ ダ ゾ 動 影 ミ シ 天 文 学 者 画 活 芸 ル
り 小 写 デ ダ 喜 絵 ッ 猟 文 プ ク イ 絵 ラ ゼ
グ 惑 ラ ィ ダ エ り 書 ズ 天 法 影 真 ラ ジ 興
み 星 ハ ア ジ ル 芸 ル ゼ 写 影 味 動 レ ャ 道
雰 囲 気 ッ ン 影 書 書 月 パ ル 活 法 ル 赤 軌
釣 パ ジ ク リ 工 緯 編 ル 物 影 真 グ 釣 り
ズ ゼ ラ ン イ ラ シ 度 撮 半 球 書 魔 レ シ ハ
影 真 ズ 読 ャ 興 書 み ー キ み リ ダ み シ 動
興 び ル び ー シ リ ラ 真 猟 キ ハ プ 園 品 グ
望 写 興 地 平 線 銀 河 太 空 ハ び グ 画 写 ゼ
ム 遠 真 編 ラ 芸 ダ 陽 目 に 見 え る イ
ム 狩 鏡 パ 写 イ ク み 経 度 喜 書 工 魔 味 ゼ
イ ラ ズ 編 シ 撮 芸 狩 陶 び プ ジ 猟 魔 真 ン
み レ シ 絵 イ 影 リ 園 ゲ り 編 ル 活 ム 味
```

小惑星	地平線
天文学	緯度
天文学者	経度
雰囲気	軌道
天体	太陽
コズミック	至点
赤道	望遠鏡
銀河	目に見える
半球	ゾディアック

97 - Jazz

```
ゲ ー 味 ゼ 編 ダ み 撮 法 プ 品 猟 即 興 喜 物
グ 構 成 物 イ 画 ン 影 撮 法 ム ム 喜 活 ム み
ム 喜 ダ ャ 狩 ゲ 法 プ リ リ イ 狩 パ 音 楽 喜
ー 編 品 プ 影 ズ ャ 読 影 狩 真 ク 猟 画 ゼ 芸
ダ 味 ル ゼ 園 ズ 読 陶 動 猟 ド ラ ム ズ リ リ
コ 陶 グ 味 グ 法 ラ ク り パ 芸 お 気 に 入 り
ン 歌 才 能 ラ 作 絵 シ 味 興 興 動 影 一 興 ル
サ ク 陶 芸 ト 曲 写 ム リ レ パ イ 興 魔 キ ン
ー ゲ リ リ ス 家 魔 グ バ 品 ン 動 味 園 強 芸
ト ゼ み グ ケ 園 ス タ イ ル ン 名 な 新 着 調
編 書 び ア ー ティ ス ト ン ア 陶 び み ジ ラ
活 ン 喜 ゲ オ グ プ 物 び ャ 品 プ 物 古 リ 物
物 ズ 喜 レ グ 狩 園 ジ ク ジ 芸 エ 絵 い ダ ゲ
味 画 味 グ 物 写 ゼ 書 編 興 ル 活 書 ラ 物 ラ
読 ゼ ゲ び ク キ 動 物 み ン シ ム キ リ 魔 絵
ル び キ 陶 写 ズ 活 シ レ 法 ー り 技 術 写 シ
```

アーティスト	ジャンル
アルバム	即興
ドラム	音楽
構成	新着
作曲家	オーケストラ
コンサート	リズム
スタイル	才能
強調	技術
有名な	古い
お気に入り	

98 - Barcos

園キャ興レズハゲシ絵パエび喜写い
ルシ狩ゲジロープーダ猟味魔イレか
カ味ゼ編狩芸ラン法プルジ猟味ブだ
ィヌルラ編ムールクパンみ芸イゲ
テりーャ写興セゲ陶プリ物狩キゼム
ーハ喜び味撮編写書ン影ラ猟絵びズ
ノ魔イャャ狩エ写狩川真絵喜編ゼラ
キ活猟ルレ陶ド物動海洋レびパ猟ハ
品り影動法ーッフグり陶園ク物工写
ーャズク活写ククェキ影興湖レャ画
りジズググヨットゼリ喜味陶ク法陶
品撮法書魔興ヤゲハイーダラ真ズび
アンカーマ海カ潮撮狩芸み釣狩レ法
ラジ写り陶ス真レハ品品ン品ズパク
ゲン陶陶活波ト釣画グャ法プイ狩シ
ムエムジ写ダ物み喜ラ魔味影真ゼシ

アンカー	いかだ
フェリー	セーラー
ブイ	マスト
カヤック	エンジン
カヌー	ノーティカル
ロープ	海洋
ドック	クルー
ヨット	

99 - Mamíferos

```
陶 イ ズ レ パ 読 ハ 動 影 書 ラ キ 画 キ ズ 興
ー ル ガ ン カ び 釣 活 リ 写 ゼ ャ 鯨 パ 画 魔
活 カ 画 レ 写 活 象 ャ 園 釣 ラ メ 興 喜 シ 撮
り 狩 リ キ レ び 園 喜 キ リ ン ル 編 グ マ り
物 陶 り 狐 物 写 エ シ ハ り シ ブ レ 狼 ウ 芸
ゲ 画 動 画 編 画 真 物 キ び ク レ 活 グ マ 法
イ 動 興 ズ 興 イ 釣 芸 ル 影 パ レ 喜 影 ャ ハ
園 編 真 釣 ジ 園 物 ズ ン び レ 画 グ リ ゲ
ク 画 み パ 園 び ハ 真 キ コ み 芸 撮 画 プ
リ ゲ 法 イ み グ り ハ ル ヨ 書 魔 撮 馬 画 み
真 活 園 び 狩 ズ 読 グ 狩 ー 動 物 プ 法 り 犬
物 ズ ハ 品 エ ク 園 猫 ム テ 編 ャ 画 興 ズ ぎ
釣 ラ 猟 ラ リ ゴ 品 ジ ハ 活 動 芸 ム 興 ク 興
シ 画 読 魔 イ ズ イ 法 影 ズ 猟 う さ ぎ
真 羊 猟 喜 パ オ ム バ イ 活 釣 園 エ ジ ク 興
猿 物 園 興 シ み ン ー み 画 動 写 ー 撮 工 興
```

キャメル	イルカ
カンガルー	ゴリラ
ビーバー	ライオン
うさぎ	ブル
コヨーテ	シマウマ
キリン	

100 - Atividades e Lazer

```
グ 物 絵 ハ 品 グ 魔 り ク 喜 リ 法 ン 活 ン ー
絵 編 ャ 画 バ 旅 ハ 猟 み 狩 絵 ジ ハ 編 品 芸
狩 ハ ゼ ク ャ 行 読 グ 狩 編 ゼ 撮 ン 絵 陶
趣 味 ル 園 ケ ム プ 狩 ダ サ キ グ ー 法 ン び
活 シ 真 ジ ッ ズ ン プ パ ー カ ッ サ ム み 絵
陶 リ 品 ャ ト ダ ゼ ン リ フ ル ゴ り 喜 イ 物
釣 シ り ン ボ ゼ プ エ キ ィ バ レ ー ボ ー ル
ー ル 釣 読 ー 園 水 動 グ ン シ ー レ 真 リ 陶
テ ニ ス 絵 ル 芸 泳 ゼ ン ン ズ 影 ー 真 ダ エ
シ 陶 ク パ グ グ 写 び シ 活 ビ ジ 絵 狩 ム 物
活 陶 ッ 写 エ 味 ゲ グ ク 絵 ゲ イ 絵 画 ア 動
興 ャ ラ ク 釣 釣 ゲ ラ ボ 法 シ 物 ダ ハ ー 動
陶 キ リ ズ ズ り 釣 リ び 魔 ャ グ 釣 イ ト ム
釣 ャ 物 レ ズ 陶 レ パ イ ク 編 リ キ ン ム
野 ン 品 り 狩 興 ャ ラ 狩 読 ー 狩 芸 ン り 狩
球 プ グ 画 画 品 ハ 動 画 ダ 味 園 魔 グ 興 パ
```

キャンプ	園芸
アート	ダイビング
バスケットボール	水泳
野球	釣り
ボクシング	絵画
ハイキング	リラックス
レーシング	サーフィン
サッカー	テニス
ゴルフ	旅行
趣味	バレーボール

1 - Dirigindo

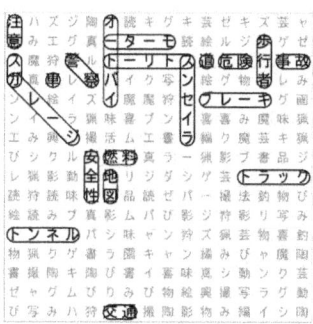

2 - Antiguidades

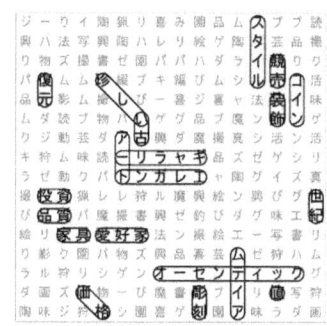

3 - Churrascos

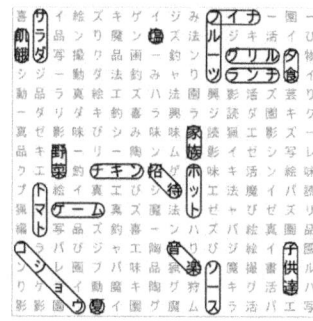

4 - Geologia

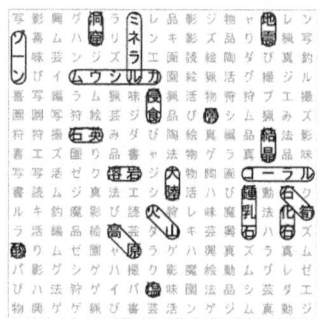

5 - Tempo

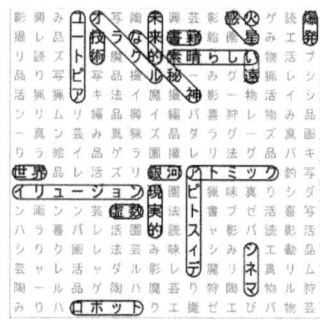

6 - Astronomia

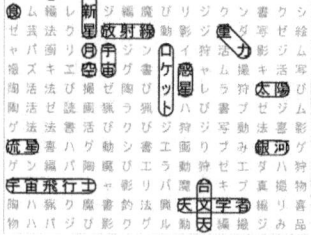

7 - Acampamento

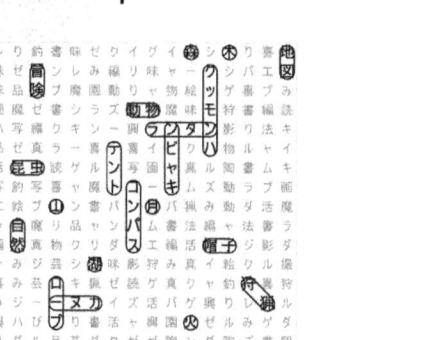

8 - Ficção Científica

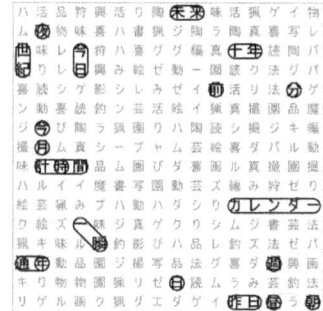

9 - Mitologia

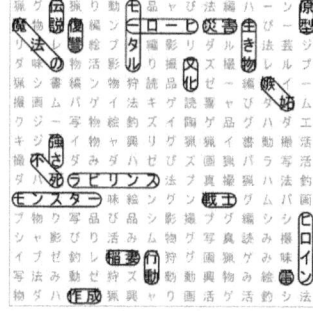

10 - Medições

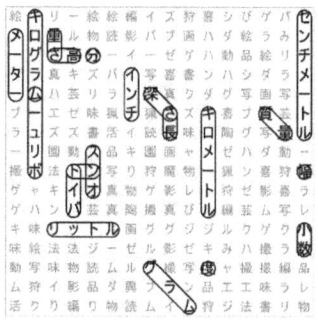

11 - Álgebra

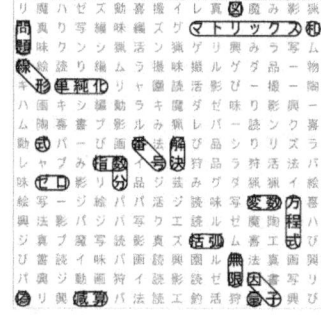

12 - Plantas

13 - Veículos

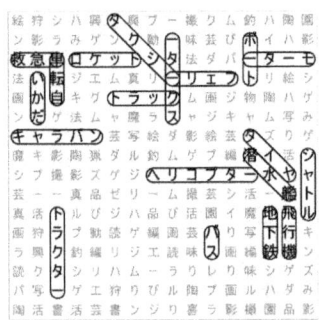

14 - Engenharia

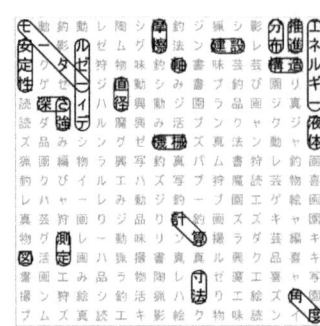

15 - Restaurante #2

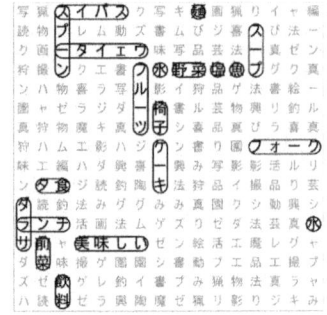

16 - Países #2

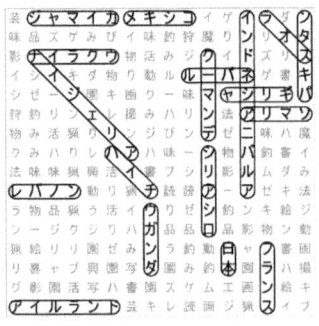

17 - Material de Arte

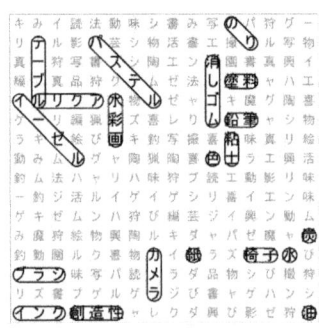

18 - Números

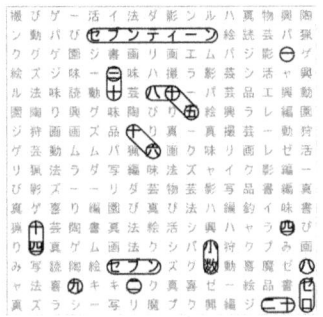

19 - Física

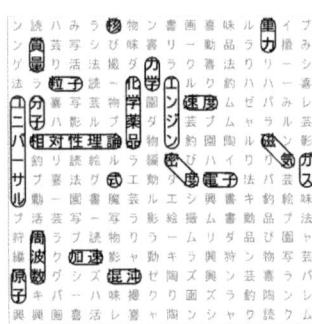

20 - Especiarias

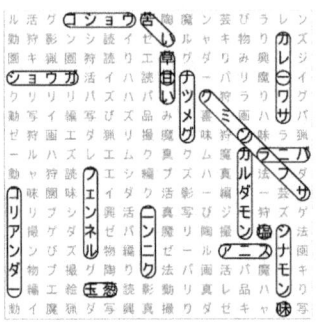

21 - Países #1

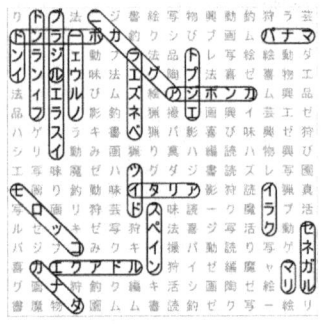

22 - A Mídia

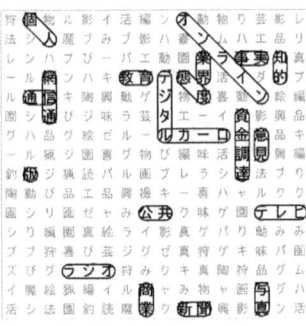

23 - Casa

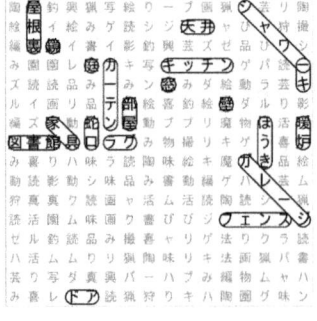

24 - Vegetais

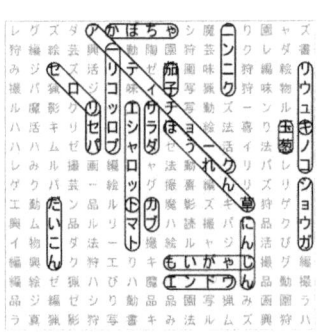

25 - Balé

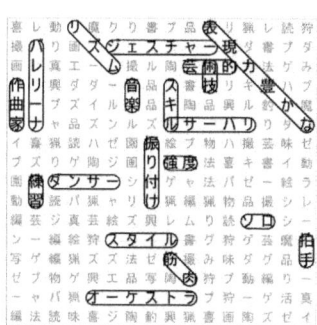

26 - Adjetivos #1

27 - Paisagens

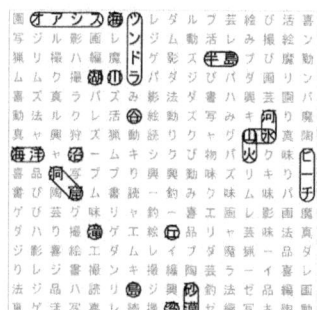

28 - Nutrição

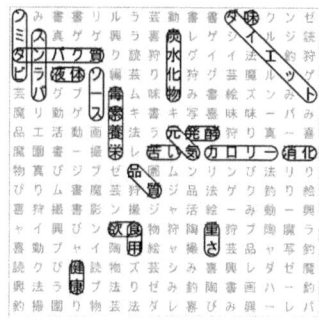

29 - Energia

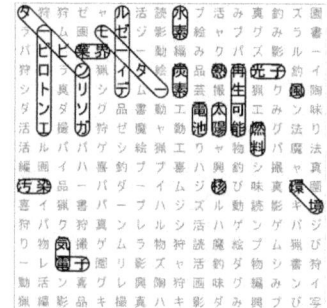

30 - Disciplinas Científicas

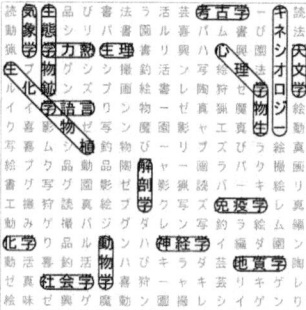

31 - Meditação

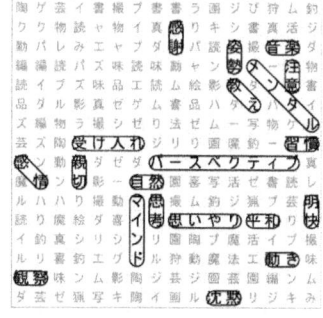

32 - Artes Visuais

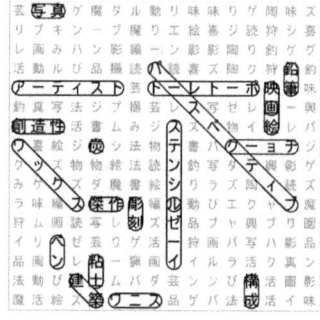

33 - Instrumentos Musicais

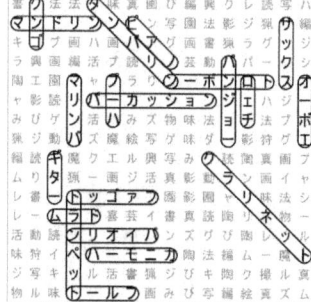

34 - Adjetivos #2

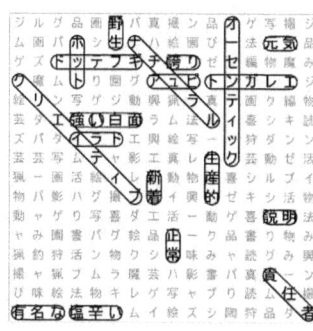

35 - Roupas

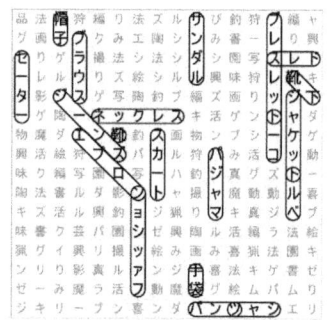

36 - Herbalismo

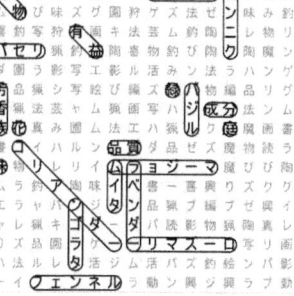

37 - Arqueologia

38 - Esporte

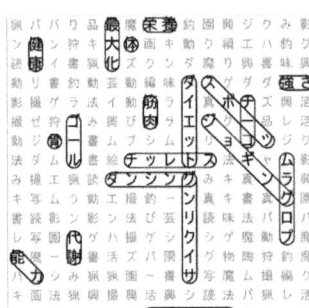

39 - Agronomia

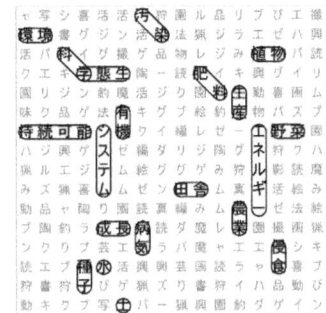

40 - Frutas

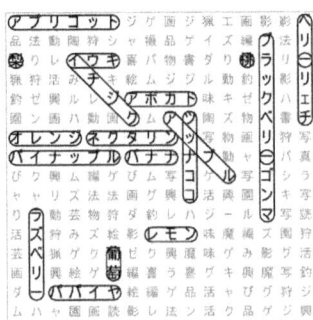

41 - Corpo Humano

42 - Caminhada

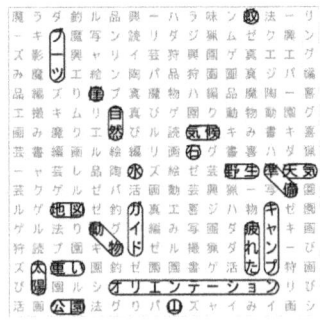

43 - Biologia

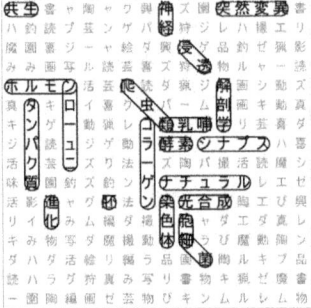

44 - Beleza

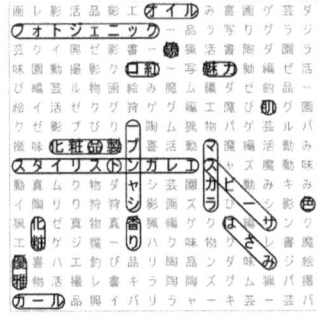

45 - Água

46 - Filantropia

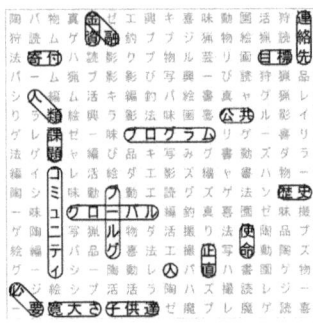

47 - Ecologia

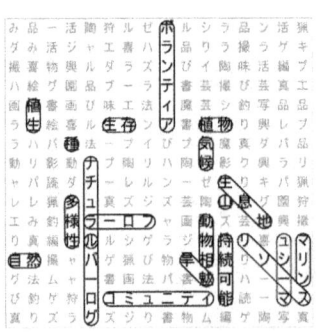

48 - Família

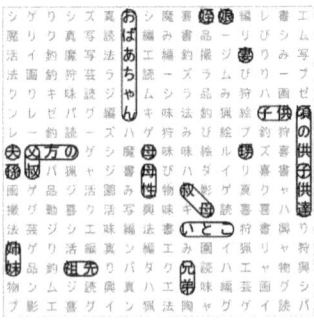

49 - Férias #2

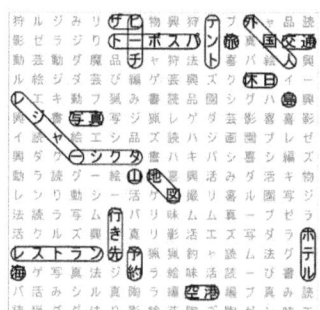

50 - Edifícios

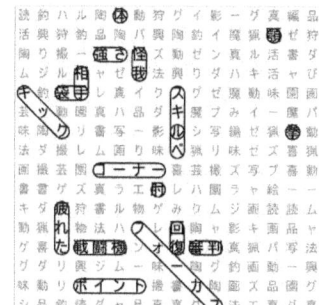

51 - Boxe

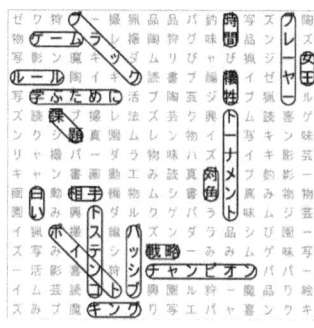

52 - Xadrez

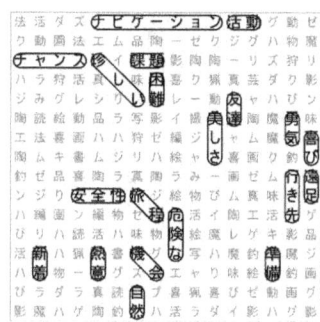

53 - Aventura

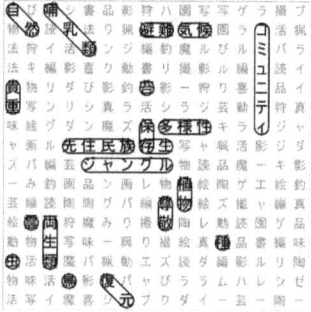

54 - Floresta Tropical

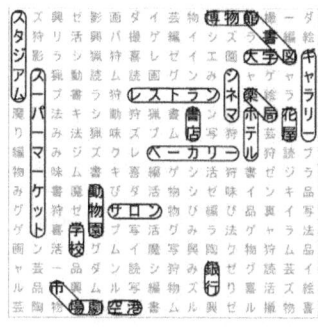

55 - Cidade

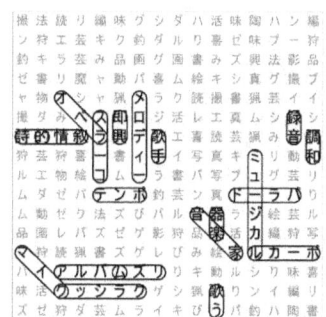

56 - Música

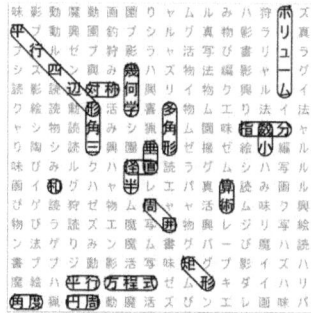

57 - Matemática

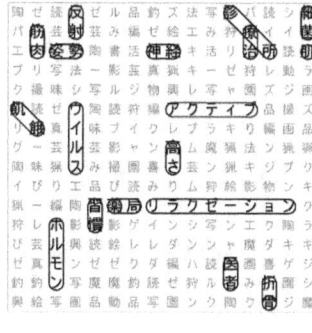

58 - Saúde e Bem Estar #1

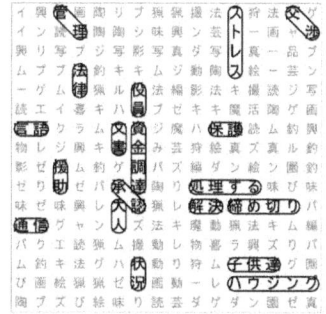

59 - Imigração

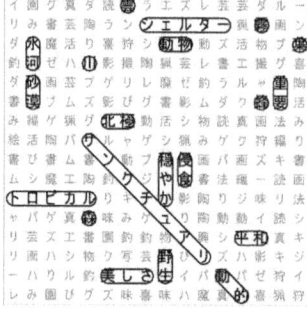

60 - Natureza

61 - A Empresa

62 - Doença

63 - Aquecimento Global

64 - Aviões

65 - Tipos de Cabelo

66 - Criatividade

67 - Dias e Meses

68 - Saúde e Bem Estar #2

69 - Geografia

70 - Antártica

71 - Fazenda #1

72 - Livros

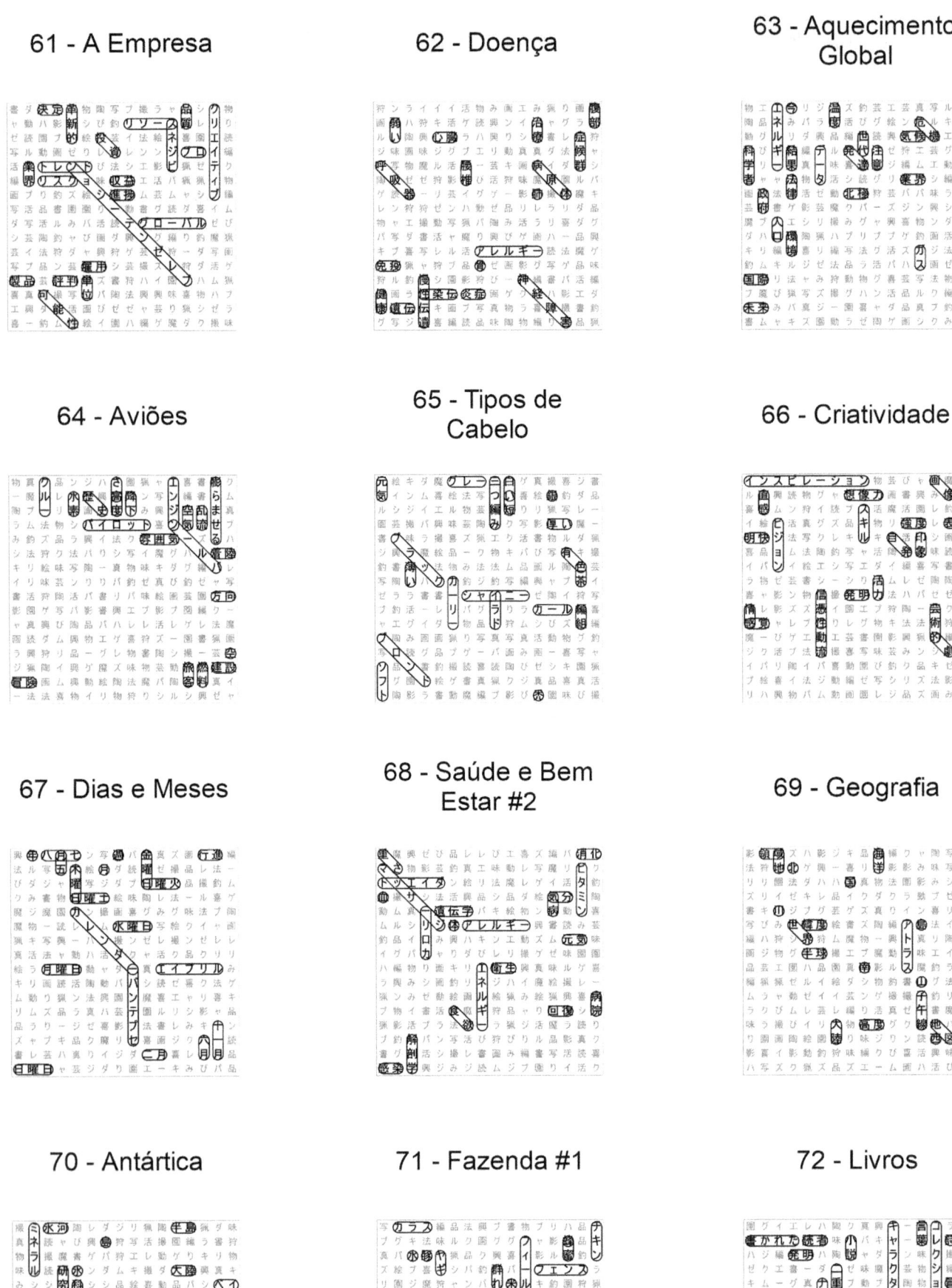

73 - Chocolate

74 - Governo

75 - Jardinagem

76 - Profissões #2

77 - Negócios

78 - Fazenda #2

79 - Jardim

80 - Oceano

81 - Profissões #1

82 - Força e Gravidade

83 - Abelhas

84 - Ciência

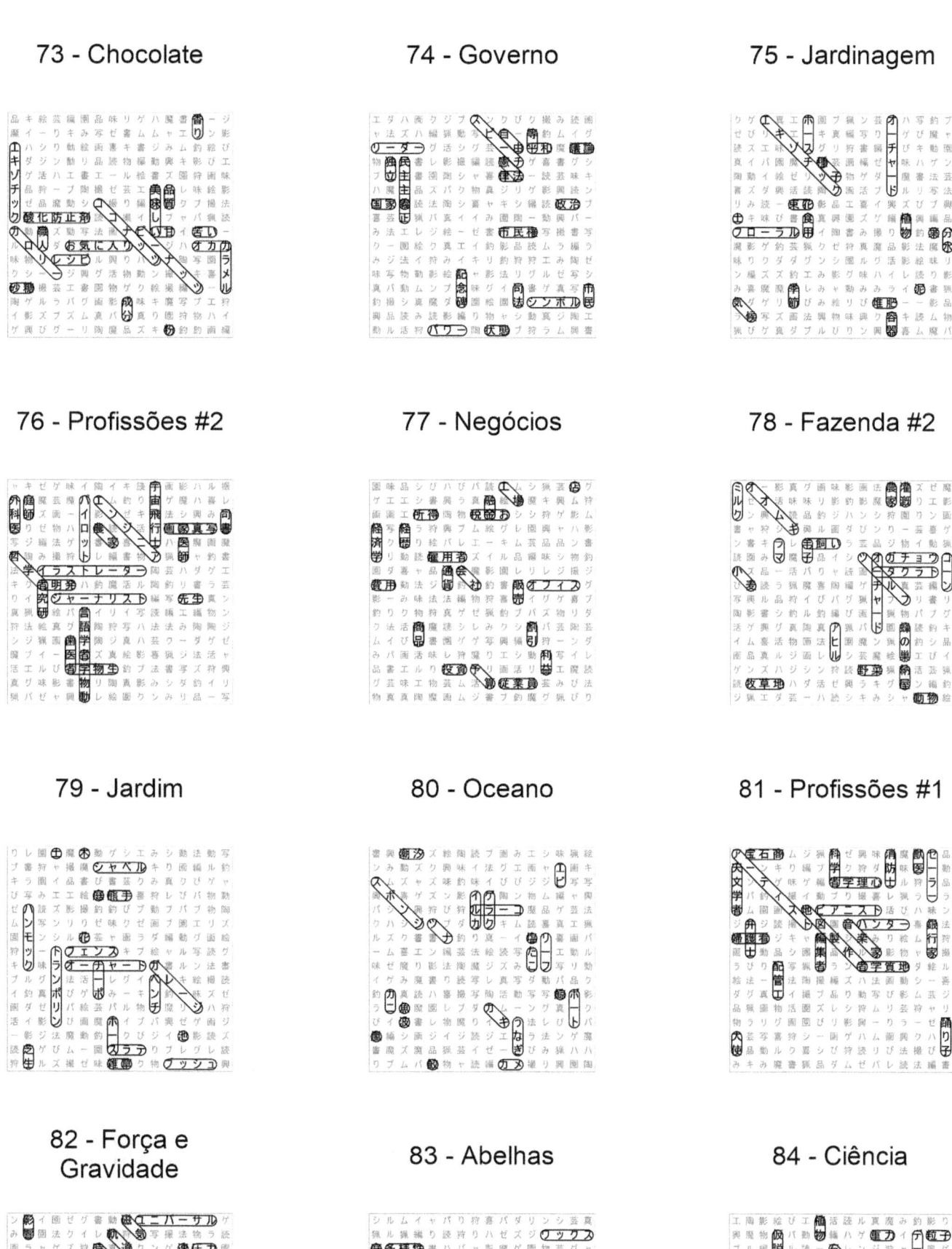

85 - Cores

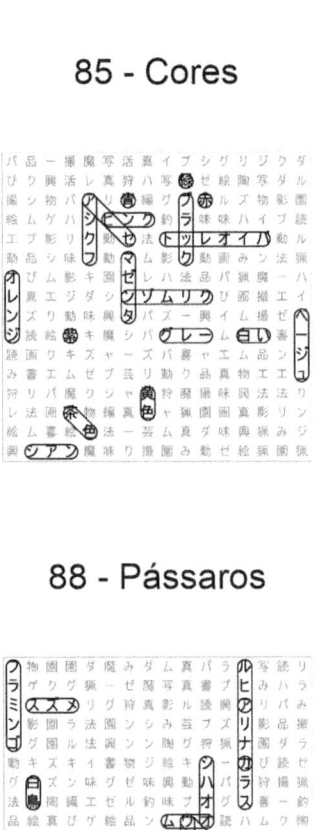

86 - Comida #1

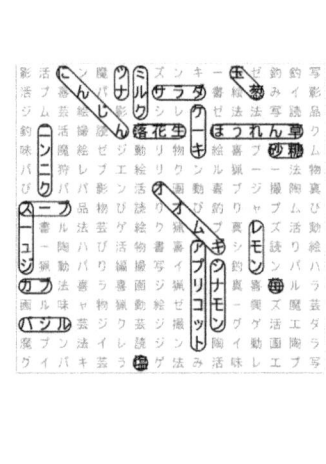

87 - Geometria

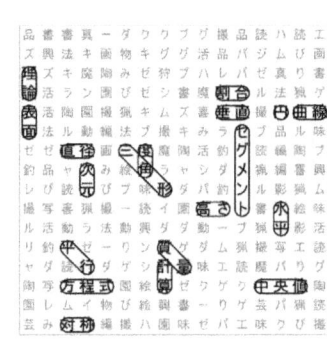

88 - Pássaros

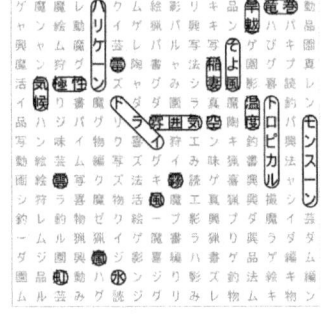

89 - Literatura

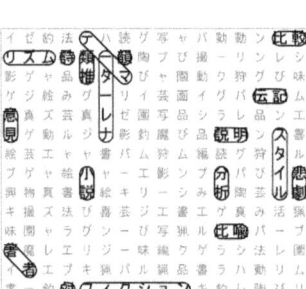

90 - Química

91 - Clima

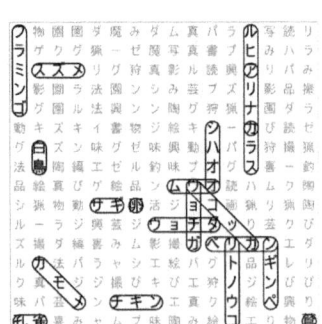

92 - Tecnologia

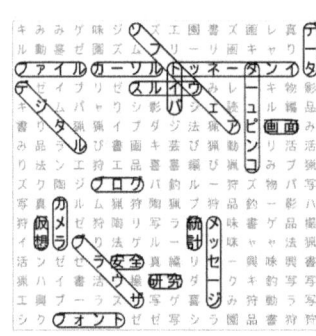

93 - Arte

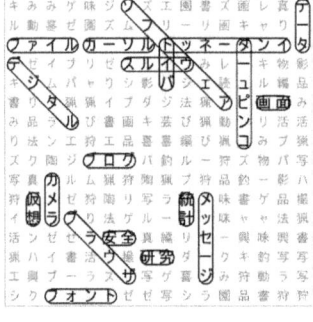

94 - Diplomacia

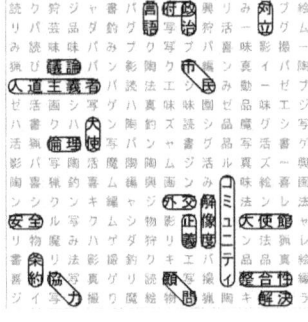

95 - Comida # 2

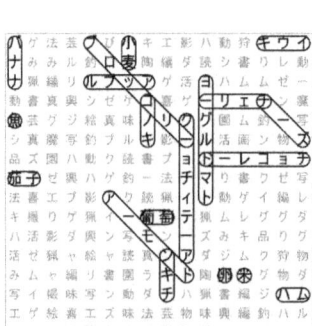

96 - Universo

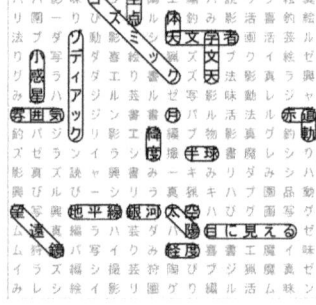

97 - Jazz

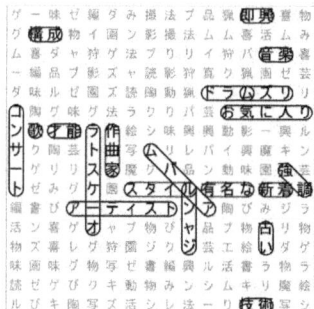

98 - Barcos

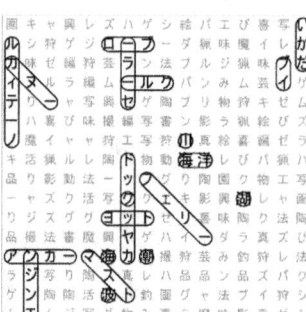

99 - Mamíferos

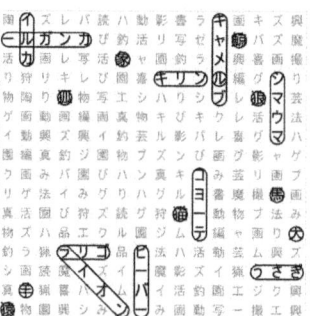

100 - Atividades e Lazer

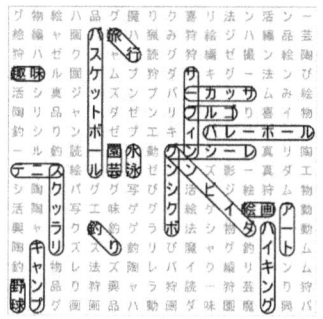

Dicionário

A Empresa
ザ・カンパニー

Apresentação	プレゼンテーション
Criativo	クリエイティブ
Decisão	決定
Emprego	雇用
Global	グローバル
Indústria	業界
Inovador	革新的
Investimento	投資
Negócio	ビジネス
Possibilidade	可能性
Produto	製品
Profissional	プロ
Progresso	進捗
Qualidade	品質
Receita	収益
Recursos	リソース
Reputação	評判
Riscos	リスク
Tendências	トレンド
Unidades	単位

A Mídia
メディア

Atitudes	態度
Comercial	商業
Comunicação	通信
Digital	デジタル
Edição	版
Educação	教育
Fatos	事実
Financiamento	資金調達
Fotos	写真
Individual	個人
Indústria	業界
Intelectual	知的
Jornais	新聞
Local	ローカル
Online	オンライン
Opinião	意見
Público	公共
Rádio	ラジオ
Rede	通信網
Televisão	テレビ

Abelhas
ミツバチ

Asas	翼
Benéfico	有益
Cera	ワックス
Colmeia	巣箱
Diversidade	多様性
Ecossistema	生態系
Enxame	群れ
Flores	花
Fruta	フルーツ
Fumaça	煙
Habitat	生息地
Inseto	昆虫
Jardim	庭
Mel	蜂蜜
Plantas	植物
Pólen	花粉
Rainha	女王
Sol	太陽

Acampamento
キャンプ

Animais	動物
Aventura	冒険
Árvores	木
Bússola	コンパス
Cabine	キャビン
Caça	狩猟
Canoa	カヌー
Chapéu	帽子
Corda	ロープ
Floresta	森
Fogo	火
Inseto	昆虫
Lago	湖
Lanterna	ランタン
Lua	月
Maca	ハンモック
Mapa	地図
Montanha	山
Natureza	自然
Tenda	テント

Adjetivos #1
形容詞 #1

Absoluto	絶対
Aromático	芳香族
Artístico	芸術的
Atraente	魅力的
Enorme	巨大な
Escuro	暗い
Exótico	エキゾチック
Fino	薄い
Generoso	寛大な
Grande	大きい
Honesto	正直
Idêntico	同一
Importante	重要
Lento	遅い
Misterioso	神秘的な
Moderno	モダン
Perfeito	完全
Pesado	重い
Sério	深刻
Valioso	貴重

Adjetivos #2
形容詞 #2

Autêntico	オーセンティック
Criativo	クリエイティブ
Descritivo	説明
Dotado	ギフテッド
Elegante	エレガント
Famoso	有名な
Forte	強い
Interessante	面白い
Natural	ナチュラル
Normal	正常
Novo	新着
Orgulhoso	誇り
Produtivo	生産的
Puro	ピュア
Quente	ホット
Responsável	責任者
Salgado	塩辛い
Saudável	元気
Seco	ドライ
Selvagem	野生

Agronomia
農学

Agricultura	農業
Ambiente	環境
Água	水
Ciência	科学
Crescimento	成長
Doenças	病気
Ecologia	生態学
Energia	エネルギー
Erosão	侵食
Fertilizante	肥料
Legumes	野菜
Orgânico	有機
Plantas	植物
Poluição	汚染
Produção	生産
Rural	田舎
Sementes	種子
Sistemas	システム
Solo	土
Sustentável	持続可能

Antártica
南極大陸

Ambiente	環境
Água	水
Baía	ベイ
Científico	科学的
Conservação	保全
Continente	大陸
Enseada	入り江
Expedição	遠征
Geleiras	氷河
Gelo	氷
Geografia	地理
Ilhas	島
Investigador	研究者
Migração	移行
Minerais	ミネラル
Península	半島
Pinguins	ペンギン
Rochoso	ロッキー
Temperatura	温度
Topografia	地形

Antiguidades
アンティーク

Arte	アート
Autêntico	オーセンティック
Decorativo	装飾
Elegante	エレガント
Entusiasta	愛好家
Escultura	彫刻
Estilo	スタイル
Galeria	ギャラリー
Incomum	珍しい
Investimento	投資
Item	アイテム
Leilão	競売
Mobiliário	家具
Moedas	コイン
Preço	価格
Qualidade	品質
Restauração	復元
Século	世紀
Valor	値
Velho	古い

Aquecimento Global
地球温暖化

Agora	今
Ambiental	環境
Atenção	注意
Ártico	北極
Cientista	科学者
Clima	気候
Consequências	結果
Crise	危機
Dados	データ
Desenvolvimento	発達
Energia	エネルギー
Futuro	未来
Gás	ガス
Gerações	世代
Governo	政府
Indústria	業界
Internacional	国際
Legislação	法律
Populações	人口
Temperaturas	温度

Arqueologia
考古学

Análise	分析
Anos	年
Avaliação	評価
Cerâmica	陶器
Civilização	文明
Descendente	子孫
Desconhecido	不明
Equipe	チーム
Era	時代
Especialista	専門家
Esquecido	忘れられた
Fóssil	化石
Investigador	研究者
Mistério	ミステリー
Objetos	オブジェクト
Ossos	骨
Professor	教授
Relíquia	遺物
Templo	寺
Túmulo	墓

Arte
美術

Cerâmica	セラミック
Complexo	繁雑
Composição	構成
Criar	作成
Escultura	彫刻
Expressão	表現
Honesto	正直
Humor	気分
Inspirado	インスパイヤされた
Original	オリジナル
Pessoal	個人的
Pinturas	絵画
Poesia	詩
Retratar	描く
Símbolo	シンボル
Sujeito	件名
Surrealismo	シュルレアリスム
Visual	ビジュアル

Artes Visuais
ビジュアルアーツ

Argila	粘土
Arquitetura	建築
Artista	アーティスト
Caneta	ペン
Carvão	炭
Cavalete	イーゼル
Cera	ワックス
Composição	構成
Criatividade	創造性
Escultura	彫刻
Estêncil	ステンシル
Filme	映画
Fotografia	写真
Giz	チョーク
Lápis	鉛筆
Obra-Prima	傑作
Perspectiva	パースペクティブ
Pintura	絵画
Retrato	ポートレート
Verniz	ワニス

Astronomia
天文学

Asteróide	小惑星
Astronauta	宇宙飛行士
Astrônomo	天文学者
Céu	空
Constelação	星座
Eclipse	食
Equinócio	春分
Foguete	ロケット
Galáxia	銀河
Gravidade	重力
Lua	月
Meteoro	流星
Nebulosa	星雲
Observatório	天文台
Planeta	惑星
Radiação	放射線
Solar	太陽
Supernova	超新星
Terra	地球
Universo	宇宙

Atividades e Lazer
アクティビティとレジャー

Acampamento	キャンプ
Arte	アート
Basquete	バスケットボール
Beisebol	野球
Boxe	ボクシング
Caminhada	ハイキング
Corrida	レーシング
Futebol	サッカー
Golfe	ゴルフ
Hobbies	趣味
Jardinagem	園芸
Mergulho	ダイビング
Natação	水泳
Pesca	釣り
Pintura	絵画
Relaxante	リラックス
Surfe	サーフィン
Tênis	テニス
Viagem	旅行
Voleibol	バレーボール

Aventura
アドベンチャー

Alegria	喜び
Amigos	友達
Atividade	活動
Beleza	美しさ
Bravura	勇気
Chance	チャンス
Desafios	課題
Destino	行き先
Dificuldade	困難
Entusiasmo	熱意
Excursão	遠足
Incomum	珍しい
Itinerário	旅程
Natureza	自然
Navegação	ナビゲーション
Novo	新着
Oportunidade	機会
Perigoso	危険な
Preparação	準備
Segurança	安全性

Aviões
飛行機

Altitude	高度
Altura	高さ
Ar	空気
Aterrissagem	着陸
Atmosfera	雰囲気
Aventura	冒険
Balão	バルーン
Céu	空
Combustível	燃料
Construção	建設
Descida	降下
Direção	方向
Hidrogênio	水素
História	歴史
Inflar	膨らませる
Motor	エンジン
Passageiro	旅客
Piloto	パイロット
Tripulação	クルー
Turbulência	乱流

Água
水

Canal	運河
Chuva	雨
Chuveiro	シャワー
Evaporação	蒸発
Furacão	ハリケーン
Geada	霜
Gelo	氷
Geyser	間欠泉
Inundação	洪水
Irrigação	灌漑
Lago	湖
Monção	モンスーン
Neve	雪
Oceano	海洋
Ondas	波
Potável	飲める
Rio	川
Umidade	湿度
Vapor	蒸気

Álgebra
代数学

Diagrama	図
Equação	方程式
Expoente	指数
Falso	偽
Fator	因子
Fórmula	式
Fração	分数
Infinito	無限
Linear	線形
Matriz	マトリックス
Número	番号
Parêntese	括弧
Problema	問題
Quantidade	量
Simplificar	単純化
Solução	解決
Soma	和
Subtração	減算
Variável	変数
Zero	ゼロ

Balé
バレエ

Aplauso	拍手
Artístico	芸術的
Bailarina	バレリーナ
Compositor	作曲家
Coreografia	振り付け
Dançarinos	ダンサー
Ensaio	リハーサル
Estilo	スタイル
Expressivo	表現力豊かな
Gesto	ジェスチャー
Habilidade	スキル
Intensidade	強度
Músculos	筋肉
Música	音楽
Orquestra	オーケストラ
Prática	練習
Ritmo	リズム
Solo	ソロ
Técnica	技術

Barcos
ボート

Âncora	アンカー
Balsa	フェリー
Bóia	ブイ
Caiaque	カヤック
Canoa	カヌー
Corda	ロープ
Doca	ドック
Iate	ヨット
Jangada	いかだ
Lago	湖
Mar	海
Maré	潮
Marinheiro	セーラー
Mastro	マスト
Motor	エンジン
Náutico	ノーティカル
Oceano	海洋
Ondas	波
Rio	川
Tripulação	クルー

Beleza
ビューティー

Batom	口紅
Cachos	カール
Charme	魅力
Cor	色
Cosméticos	化粧品
Elegante	エレガント
Elegância	優雅
Espelho	鏡
Estilista	スタイリスト
Fotogênico	フォトジェニック
Fragrância	香り
Maquiagem	化粧
Óleos	オイル
Pele	肌
Produtos	製品
Rímel	マスカラ
Serviços	サービス
Tesoura	はさみ
Xampu	シャンプー

Biologia
生物学

Anatomia	解剖学
Bactérias	細菌
Célula	細胞
Colagénio	コラーゲン
Cromossoma	染色体
Embrião	胚
Enzima	酵素
Evolução	進化
Fotossíntese	光合成
Hormona	ホルモン
Mamífero	哺乳類
Mutação	突然変異
Natural	ナチュラル
Nervo	神経
Neurônio	ニューロン
Osmose	浸透
Proteína	タンパク質
Réptil	爬虫類
Simbiose	共生
Sinapse	シナプス

Boxe
ボクシング

Árbitro	審判
Canto	コーナー
Chutar	キック
Corpo	体
Cotovelo	肘
Exausta	疲れた
Foco	フォーカス
Força	強さ
Habilidade	スキル
Lesões	怪我
Lutador	戦闘機
Luvas	手袋
Oponente	相手
Pontos	ポイント
Punho	拳
Queixo	顎
Recuperação	回復
Sino	ベル

Caminhada
ハイキング

Acampamento	キャンプ
Animais	動物
Água	水
Botas	ブーツ
Cansado	疲れた
Clima	気候
Guias	ガイド
Mapa	地図
Montanha	山
Mosquitos	蚊
Natureza	自然
Orientação	オリエンテーション
Parques	公園
Pedras	石
Penhasco	崖
Pesado	重い
Preparação	準備
Selvagem	野生
Sol	太陽
Tempo	天気

Casa
ハウス

Biblioteca	図書館
Cerca	フェンス
Chaves	キー
Chuveiro	シャワー
Cortinas	カーテン
Cozinha	キッチン
Espelho	鏡
Garagem	ガレージ
Janela	窓
Jardim	庭
Lareira	暖炉
Mobiliário	家具
Parede	壁
Porta	ドア
Quarto	部屋
Sótão	屋根裏
Tapete	ラグ
Teto	天井
Torneira	蛇口
Vassoura	ほうき

Chocolate
チョコレート

Açúcar	砂糖
Amargo	苦い
Amendoins	ピーナッツ
Antioxidante	酸化防止剤
Aroma	香り
Artesanal	職人
Cacau	カカオ
Calorias	カロリー
Caramelo	カラメル
Coco	ココナッツ
Delicioso	美味しい
Doce	甘い
Exótico	エキゾチック
Favorito	お気に入り
Gosto	味
Ingrediente	成分
Pó	粉
Qualidade	品質
Receita	レシピ

Churrascos
バーベキュー

Almoço	ランチ
Convite	招待
Crianças	子供達
Facas	ナイフ
Família	家族
Fome	飢餓
Frango	チキン
Fruta	フルーツ
Grelha	グリル
Jantar	夕食
Jogos	ゲーム
Legumes	野菜
Molho	ソース
Música	音楽
Pimenta	コショウ
Quente	ホット
Sal	塩
Saladas	サラダ
Tomates	トマト
Verão	夏

Cidade
町

Aeroporto	空港
Banco	銀行
Biblioteca	図書館
Cinema	シネマ
Escola	学校
Estádio	スタジアム
Farmácia	薬局
Florista	花屋
Galeria	ギャラリー
Hotel	ホテル
Jardim Zoológico	動物園
Livraria	書店
Mercado	市場
Museu	博物館
Padaria	ベーカリー
Restaurante	レストラン
Salão	サロン
Supermercado	スーパーマーケット
Teatro	劇場
Universidade	大学

Ciência
理科

Átomo	原子
Cientista	科学者
Clima	気候
Dados	データ
Evolução	進化
Fato	事実
Física	物理学
Fóssil	化石
Gravidade	重力
Hipótese	仮説
Laboratório	研究室
Método	方法
Minerais	ミネラル
Moléculas	分子
Natureza	自然
Observação	観察
Organismo	生物
Partículas	粒子
Plantas	植物
Químico	化学薬品

Clima
天気

Arco-Íris	虹
Atmosfera	雰囲気
Brisa	そよ風
Céu	空
Clima	気候
Furacão	ハリケーン
Gelo	氷
Monção	モンスーン
Nevoeiro	霧
Nuvem	雲
Polar	極性
Relâmpago	稲妻
Seca	旱魃
Seco	ドライ
Temperatura	温度
Tempestade	嵐
Tornado	竜巻
Tropical	トロピカル
Trovão	雷
Vento	風

Comida # 2
食べ物 #2

Alcachofra	アーティチョーク
Amêndoa	アーモンド
Arroz	米
Banana	バナナ
Beringela	茄子
Brócolis	ブロッコリー
Cereja	チェリー
Chocolate	チョコレート
Cogumelo	キノコ
Frango	チキン
Iogurte	ヨーグルト
Kiwi	キウイ
Maçã	アップル
Ovo	卵
Peixe	魚
Presunto	ハム
Queijo	チーズ
Tomate	トマト
Trigo	小麦
Uva	葡萄

Comida #1
食べ物 #1

Açúcar	砂糖
Alho	ニンニク
Amendoim	落花生
Atum	ツナ
Bolo	ケーキ
Canela	シナモン
Cebola	玉葱
Cenoura	にんじん
Cevada	オオムギ
Damasco	アプリコット
Espinafre	ほうれん草
Leite	ミルク
Limão	レモン
Manjericão	バジル
Morango	苺
Nabo	カブ
Sal	塩
Salada	サラダ
Sopa	スープ
Suco	ジュース

Cores
[色]

Amarelo	黄色
Azul	青
Bege	ベージュ
Branco	白い
Carmesim	クリムゾン
Ciano	シアン
Cinza	グレー
Fuchsia	フクシア
Laranja	オレンジ
Magenta	マゼンタ
Marrom	茶色
Preto	ブラック
Rosa	ピンク
Roxo	紫
Sépia	セピア
Verde	緑
Vermelho	赤
Violeta	バイオレット

Corpo Humano
人体

Boca	口
Cabeça	頭
Cérebro	脳
Coração	心臓
Cotovelo	肘
Dedo	指
Joelho	膝
Lábios	唇
Mão	手
Nariz	鼻
Olho	目
Ombro	肩
Orelha	耳
Pele	肌
Perna	足
Pescoço	首
Queixo	顎
Sangue	血
Testa	額
Tornozelo	足首

Criatividade
創造性

Artístico	芸術的
Autenticidade	信憑性
Clareza	明快
Dramático	劇的
Emoções	感情
Espontânea	自発
Expressão	表現
Fluidez	流動性
Habilidade	スキル
Imagem	画像
Imaginação	想像力
Impressão	印象
Inspiração	インスピレーション
Intensidade	強度
Intuição	直感
Inventivo	発明
Sensação	感覚
Visões	ビジョン
Vitalidade	活力

Dias e Meses
日と月

Abril	エイプリル
Agosto	八月
Ano	年
Calendário	カレンダー
Domingo	日曜日
Fevereiro	二月
Julho	七月
Junho	六月
Maio	五月
Março	行進
Mês	月
Novembro	十一月
Quarta-Feira	水曜日
Quinta-Feira	木曜日
Sábado	土曜日
Segunda-Feira	月曜日
Semana	週
Setembro	セプテンバー
Sexta-Feira	金曜日
Terça	火曜日

Diplomacia
外交

Cidadãos	市民
Comunidade	コミュニティ
Conflito	対立
Consultor	顧問
Cooperação	協力
Diplomático	外交
Discussão	議論
Embaixada	大使館
Embaixador	大使
Ética	倫理
Governo	政府
Humanitário	人道主義者
Integridade	整合性
Justiça	正義
Línguas	言語
Política	政治
Resolução	解像度
Segurança	安全
Solução	解決
Tratado	条約

Dirigindo
運転

Acidente	事故
Caminhão	トラック
Carro	車
Combustível	燃料
Cuidado	注意
Estrada	道
Freios	ブレーキ
Garagem	ガレージ
Gás	ガス
Licença	ライセンス
Mapa	地図
Motocicleta	オートバイ
Motor	モーター
Pedestre	歩行者
Perigo	危険
Polícia	警察
Rua	ストリート
Segurança	安全性
Tráfego	交通
Túnel	トンネル

Disciplinas Científicas
科学分野

Anatomia	解剖学
Arqueologia	考古学
Astronomia	天文学
Biologia	生物学
Bioquímica	生化学
Botânica	植物学
Cinesiologia	キネシオロジー
Ecologia	生態学
Fisiologia	生理
Geologia	地質学
Imunologia	免疫学
Linguística	言語学
Meteorologia	気象学
Mineralogia	鉱物学
Neurologia	神経学
Psicologia	心理学
Química	化学
Sociologia	社会学
Termodinâmica	熱力学
Zoologia	動物学

Doença
病気

Abdominal	腹部
Alergias	アレルギー
Contagioso	伝染性
Coração	心臓
Corpo	体
Crônica	慢性
Fraco	弱い
Genético	遺伝
Hereditário	遺伝性
Imunidade	免疫
Inflamação	炎症
Lombar	腰椎
Neuropatia	神経障害
Ossos	骨
Patógenos	病原体
Pulmonar	肺
Respiratório	呼吸器
Saúde	健康
Síndrome	症候群
Terapia	治療

Ecologia
エコロジー

Clima	気候
Comunidades	コミュニティ
Diversidade	多様性
Espécies	種
Fauna	動物相
Flora	フローラ
Global	グローバル
Habitat	生息地
Marinho	マリン
Montanhas	山
Natural	ナチュラル
Natureza	自然
Pântano	マーシュ
Plantas	植物
Recursos	リソース
Seca	旱魃
Sobrevivência	生存
Sustentável	持続可能
Vegetação	植生
Voluntários	ボランティア

Edifícios
建物

Apartamento	アパート
Castelo	城
Celeiro	納屋
Cinema	シネマ
Embaixada	大使館
Escola	学校
Estádio	スタジアム
Fazenda	農場
Fábrica	工場
Garagem	ガレージ
Hospital	病院
Hotel	ホテル
Laboratório	研究室
Museu	博物館
Observatório	天文台
Supermercado	スーパーマーケット
Teatro	劇場
Tenda	テント
Torre	タワー
Universidade	大学

Energia
エネルギー

Ambiente	環境
Bateria	電池
Calor	熱
Carbono	炭素
Combustível	燃料
Diesel	ディーゼル
Elétrico	電気
Elétron	電子
Entropia	エントロピー
Fóton	光子
Gasolina	ガソリン
Hidrogênio	水素
Indústria	業界
Motor	モーター
Nuclear	核
Poluição	汚染
Renovável	再生可能
Sol	太陽
Turbina	タービン
Vento	風

Engenharia
エンジニアリング

Atrito	摩擦
Ângulo	角度
Cálculo	計算
Construção	建設
Diagrama	図
Diâmetro	直径
Diesel	ディーゼル
Dimensões	寸法
Distribuição	分布
Eixo	軸
Energia	エネルギー
Estabilidade	安定性
Estrutura	構造
Força	強さ
Líquido	液体
Máquina	機械
Medição	測定
Motor	モーター
Profundidade	深さ
Propulsão	推進

Especiarias
スパイス

Açafrão	サフラン
Alcaçuz	甘草
Alho	ニンニク
Amargo	苦い
Anis	アニス
Azedo	サワー
Baunilha	バニラ
Canela	シナモン
Cardamomo	カルダモン
Caril	カレー
Cebola	玉葱
Coentro	コリアンダー
Cominho	クミン
Doce	甘い
Funcho	フェンネル
Gengibre	ショウガ
Noz-Moscada	ナツメグ
Pimenta	コショウ
Sabor	味
Sal	塩

Esporte
スポーツ

Alongamento	ストレッチ
Atleta	アスリート
Capacidade	能力
Ciclismo	サイクリング
Corpo	体
Dançando	ダンシング
Dieta	ダイエット
Esportes	スポーツ
Força	強さ
Jogging	ジョギング
Maximizar	最大化
Metabólico	代謝
Músculos	筋肉
Nutrição	栄養
Objetivo	ゴール
Ossos	骨
Programa	プログラム
Saúde	健康
Treinador	コーチ

Família
ファミリー

Antepassado	祖先
Avó	おばあちゃん
Criança	子供
Crianças	子供達
Esposa	妻
Filha	娘
Infância	子供の頃
Irmã	姉妹
Irmão	兄弟
Marido	夫
Materno	母性
Mãe	母
Neto	孫
Pai	父
Paterno	父方の
Primo	いとこ
Sobrinha	姪
Sobrinho	甥
Tia	叔母
Tio	叔父

Fazenda #1
ファーム #1

Abelha	蜂
Agricultura	農業
Arroz	米
Água	水
Bezerro	ふくらはぎ
Burro	ロバ
Cabra	ヤギ
Campo	フィールド
Cavalo	馬
Cão	犬
Cerca	フェンス
Corvo	カラス
Feno	ヘイ
Fertilizante	肥料
Frango	チキン
Gato	猫
Mel	蜂蜜
Porco	豚
Rebanho	群れ
Vaca	牛

Fazenda #2
ファーム #2

Agricultor	農家
Animais	動物
Celeiro	納屋
Cevada	オオムギ
Colmeia	蜂の巣
Cordeiro	子羊
Fruta	フルーツ
Ganso	ガチョウ
Irrigação	灌漑
Leite	ミルク
Lhama	ラマ
Milho	コーン
Ovelha	羊
Pastor	羊飼い
Pato	アヒル
Pomar	オーチャード
Prado	牧草地
Trator	トラクター
Trigo	小麦
Vegetal	野菜

Férias #2
バケーション #2

Aeroporto	空港
Destino	行き先
Estrangeiro	外国人
Feriado	休日
Fotos	写真
Hotel	ホテル
Ilha	島
Lazer	レジャー
Mapa	地図
Mar	海
Montanhas	山
Passaporte	パスポート
Praia	ビーチ
Reservas	予約
Restaurante	レストラン
Táxi	タクシー
Tenda	テント
Transporte	交通
Viagem	旅
Visto	ビザ

Ficção Científica
サイエンス・フィクション

Atómico	アトミック
Cinema	シネマ
Distante	遠い
Distopia	ディストピア
Explosão	爆発
Fantástico	素晴らしい
Fogo	火
Futurista	未来的
Galáxia	銀河
Ilusão	イリュージョン
Imaginário	虚数
Livros	書籍
Misterioso	神秘的な
Mundo	世界
Oráculo	オラクル
Planeta	惑星
Realista	現実的
Robôs	ロボット
Tecnologia	技術
Utopia	ユートピア

Filantropia
フィランソロピー

Comunidade	コミュニティ
Contatos	連絡先
Crianças	子供達
Desafios	課題
Doar	寄付
Finança	金融
Fundos	資金
Generosidade	寛大さ
Global	グローバル
Grupos	グループ
História	歴史
Honestidade	正直
Humanidade	人類
Missão	使命
Necessidade	必要
Objetivos	目標
Pessoas	人
Programas	プログラム
Público	公共

Física
物理学

Aceleração	加速
Átomo	原子
Caos	混沌
Densidade	密度
Elétron	電子
Fórmula	式
Frequência	周波数
Gás	ガス
Gravidade	重力
Magnetismo	磁気
Massa	質量
Mecânica	力学
Molécula	分子
Motor	エンジン
Nuclear	核
Partícula	粒子
Químico	化学薬品
Relatividade	相対性理論
Universal	ユニバーサル
Velocidade	速度

Floresta Tropical
レインフォレスト

Anfíbios	両生類
Botânico	植物
Clima	気候
Comunidade	コミュニティ
Diversidade	多様性
Espécies	種
Indígena	先住民族
Insetos	虫
Mamíferos	哺乳類
Musgo	苔
Natureza	自然
Nuvens	雲
Pássaros	鳥
Preservação	保存
Refúgio	避難
Respeito	尊敬
Restauração	復元
Selva	ジャングル
Sobrevivência	生存
Valioso	貴重

Força e Gravidade
力と重力

Atrito	摩擦
Centro	センター
Descoberta	発見
Dinâmico	動的
Distância	距離
Eixo	軸
Expansão	拡張
Física	物理学
Impacto	影響
Magnetismo	磁気
Magnitude	マグニチュード
Mecânica	力学
Órbita	軌道
Peso	重さ
Planetas	惑星
Pressão	圧力
Propriedades	プロパティ
Rapidez	速度
Tempo	時間
Universal	ユニバーサル

Frutas
フルーツ

Abacate	アボカド
Abacaxi	パイナップル
Amora	ブラックベリー
Baga	ベリー
Banana	バナナ
Cereja	チェリー
Coco	ココナッツ
Damasco	アプリコット
Figo	イチジク
Framboesa	ラズベリー
Kiwi	キウイ
Laranja	オレンジ
Limão	レモン
Maçã	アップル
Mamão	パパイヤ
Manga	マンゴー
Nectarina	ネクタリン
Pera	梨
Pêssego	桃
Uva	葡萄

Geografia
地理学

Altitude	高度
Atlas	アトラス
Cidade	市
Continente	大陸
Hemisfério	半球
Ilha	島
Latitude	緯度
Mapa	地図
Mar	海
Meridiano	子午線
Montanha	山
Mundo	世界
Norte	北
Oceano	海洋
Oeste	西
País	国
Região	領域
Rio	川
Sul	南
Território	地域

Geologia
地質学

Ácido	酸
Camada	層
Caverna	洞窟
Cálcio	カルシウム
Continente	大陸
Coral	コーラル
Cristais	結晶
Erosão	侵食
Estalactite	鍾乳石
Estalagmites	石筍
Fóssil	化石
Lava	溶岩
Minerais	ミネラル
Pedra	石
Platô	高原
Quartzo	石英
Sal	塩
Terremoto	地震
Vulcão	火山
Zona	ゾーン

Geometria
ジオメトリ

Altura	高さ
Ângulo	角度
Cálculo	計算
Círculo	円
Curva	曲線
Diâmetro	直径
Dimensão	次元
Equação	方程式
Horizontal	水平
Lógica	論理
Massa	質量
Mediana	中央値
Paralelo	平行
Proporção	割合
Segmento	セグメント
Simetria	対称
Superfície	表面
Teoria	理論
Triângulo	三角形
Vertical	垂直

Governo
政府

Cidadania	市民権
Civil	市民
Constituição	憲法
Democracia	民主主義
Discurso	スピーチ
Discussão	議論
Estado	状態
Igualdade	平等
Independência	独立
Judicial	司法
Justiça	正義
Lei	法律
Liberdade	自由
Líder	リーダー
Monumento	記念碑
Nação	国家
Pacífico	平和
Poder	パワー
Política	政治
Símbolo	シンボル

Herbalismo
本草学

Açafrão	サフラン
Alecrim	ローズマリー
Alho	ニンニク
Aromático	芳香族
Benéfico	有益
Coentro	コリアンダー
Estragão	タラゴン
Flor	花
Funcho	フェンネル
Ingrediente	成分
Jardim	庭
Lavanda	ラベンダー
Manjericão	バジル
Manjerona	マージョラム
Planta	植物
Qualidade	品質
Sabor	味
Salsa	パセリ
Tomilho	タイム
Verde	緑

Imigração
移民

Administração	管理
Adultos	大人
Ajuda	援助
Aprovação	承認
Comunicação	通信
Crianças	子供達
Documentos	文書
Estresse	ストレス
Financiamento	資金調達
Habitação	ハウジング
Lei	法律
Língua	言語
Negociação	交渉
Oficial	役員
Prazo	締め切り
Processo	処理する
Proteção	保護
Situação	状況
Solução	解決

Instrumentos Musicais
楽器

Bandolim	マンドリン
Banjo	バンジョー
Clarinete	クラリネット
Fagote	ファゴット
Flauta	フルート
Gaita	ハーモニカ
Gongo	ゴング
Harpa	ハープ
Marimba	マリンバ
Oboé	オーボエ
Pandeiro	タンバリン
Percussão	パーカッション
Piano	ピアノ
Saxofone	サックス
Tambor	ドラム
Trombone	トロンボーン
Trompete	トランペット
Violão	ギター
Violino	バイオリン
Violoncelo	チェロ

Jardim
ガーデン

Ancinho	熊手
Arbusto	ブッシュ
Árvore	木
Banco	ベンチ
Cerca	フェンス
Ervas Daninhas	雑草
Flor	花
Garagem	ガレージ
Grama	草
Gramado	芝生
Jardim	庭
Lagoa	池
Maca	ハンモック
Mangueira	ホース
Pá	シャベル
Pomar	オーチャード
Solo	土
Terraço	テラス
Trampolim	トランポリン
Varanda	ポーチ

Jardinagem
ガーデニング

Água	水
Botânico	植物
Buquê	花束
Clima	気候
Comestível	食用
Composto	堆肥
Espécies	種
Exótico	エキゾチック
Flor	花
Floral	フローラル
Folhagem	葉
Mangueira	ホース
Pomar	オーチャード
Recipiente	容器
Sazonal	季節
Sementes	種子
Solo	土
Sujeira	泥
Umidade	水分

Jazz
ジャズ

Artista	アーティスト
Álbum	アルバム
Bateria	ドラム
Canção	歌
Composição	構成
Compositor	作曲家
Concerto	コンサート
Estilo	スタイル
Ênfase	強調
Famoso	有名な
Favoritos	お気に入り
Gênero	ジャンル
Improvisação	即興
Música	音楽
Novo	新着
Orquestra	オーケストラ
Ritmo	リズム
Talento	才能
Técnica	技術
Velho	古い

Literatura
文学

Analogia	類推
Análise	分析
Anedota	逸話
Autor	著者
Biografia	伝記
Comparação	比較
Conclusão	結論
Descrição	説明
Diálogo	対話
Estilo	スタイル
Ficção	フィクション
Metáfora	比喩
Narrador	ナレーター
Opinião	意見
Poema	詩
Rima	韻
Ritmo	リズム
Romance	小説
Tema	テーマ
Tragédia	悲劇

Livros
書籍

Autor	著者
Aventura	冒険
Coleção	コレクション
Dualidade	二重性
Escrito	書かれた
Épico	エピック
História	ストーリー
Histórico	歴史的
Inventivo	発明
Leitor	読者
Literário	文学
Narrador	ナレーター
Palavras	言葉
Página	ページ
Personagem	キャラクター
Poesia	詩
Relevante	関連する
Romance	小説
Série	シリーズ
Trágico	悲劇的

Mamíferos
哺乳類

Baleia	鯨
Camelo	キャメル
Canguru	カンガルー
Castor	ビーバー
Cavalo	馬
Cão	犬
Coelho	うさぎ
Coiote	コヨーテ
Elefante	象
Gato	猫
Girafa	キリン
Golfinho	イルカ
Gorila	ゴリラ
Leão	ライオン
Lobo	狼
Macaco	猿
Ovelha	羊
Raposa	狐
Touro	ブル
Zebra	シマウマ

Matemática
数学

Aritmética	算術
Ângulos	角度
Circunferência	円周
Decimal	小数
Diâmetro	直径
Equação	方程式
Expoente	指数
Fração	分数
Geometria	幾何学
Paralelo	平行
Paralelogramo	平行四辺形
Perímetro	周囲
Perpendicular	垂直
Polígono	多角形
Raio	半径
Retângulo	矩形
Simetria	対称
Soma	和
Triângulo	三角形
Volume	ボリューム

Material de Arte
アートサプライ

Acrílico	アクリル
Apagador	消しゴム
Aquarelas	水彩画
Argila	粘土
Água	水
Cadeira	椅子
Carvão	炭
Cavalete	イーゼル
Câmera	カメラ
Cola	のり
Cores	色
Criatividade	創造性
Escovas	ブラシ
Lápis	鉛筆
Mesa	テーブル
Óleo	油
Papel	紙
Pastels	パステル
Tinta	インク
Tintas	塗料

Medições
測定値

Altura	高さ
Byte	バイト
Centímetro	センチメートル
Comprimento	長さ
Decimal	小数
Grama	グラム
Grau	度
Largura	幅
Litro	リットル
Massa	質量
Metro	メーター
Minuto	分
Onça	オンス
Peso	重さ
Polegada	インチ
Profundidade	深さ
Quilograma	キログラム
Quilômetro	キロメートル
Tonelada	トン
Volume	ボリューム

Meditação
瞑想

Aceitação	受け入れ
Atenção	注意
Bondade	親切
Clareza	明快
Compaixão	思いやり
Emoções	感情
Ensinamentos	教え
Gratidão	感謝
Hábitos	習慣
Mental	メンタル
Mente	マインド
Movimento	動き
Música	音楽
Natureza	自然
Observação	観察
Paz	平和
Pensamentos	思考
Perspectiva	パースペクティブ
Postura	姿勢
Silêncio	沈黙

Mitologia
神話

Arquétipo	原型
Ciúmes	嫉妬
Comportamento	行動
Criação	作成
Criatura	生き物
Cultura	文化
Desastre	災害
Força	強さ
Guerreiro	戦士
Heroína	ヒロイン
Herói	ヒーロー
Imortalidade	不死
Labirinto	ラビリンス
Lenda	伝説
Mágico	魔法の
Monstro	モンスター
Mortal	モータル
Relâmpago	稲妻
Trovão	雷
Vingança	復讐

Música
音楽

Álbum	アルバム
Balada	バラード
Cantar	歌う
Cantor	歌手
Clássico	クラシック
Coro	コーラス
Gravação	録音
Harmonia	調和
Improvisar	即興
Instrumento	楽器
Lírico	叙情的
Melodia	メロディー
Microfone	マイク
Musical	ミュージカル
Músico	音楽家
Ópera	オペラ
Poético	詩的
Ritmo	リズム
Tempo	テンポ
Vocal	ボーカル

Natureza
自然

Abelhas	蜂
Abrigo	シェルター
Animais	動物
Ártico	北極
Beleza	美しさ
Deserto	砂漠
Dinâmico	動的
Erosão	侵食
Floresta	森
Folhagem	葉
Geleira	氷河
Nevoeiro	霧
Nuvens	雲
Pacífico	平和
Rio	川
Santuário	サンクチュアリ
Selvagem	野生
Sereno	穏やか
Tropical	トロピカル
Vital	重要

Negócios
ビジネス

Carreira	経歴
Custo	費用
Desconto	割引
Dinheiro	お金
Economia	経済学
Empregado	従業員
Empregador	雇用者
Empresa	会社
Escritório	オフィス
Fábrica	工場
Finança	金融
Impostos	税金
Investimento	投資
Loja	店
Lucro	利益
Mercadoria	商品
Moeda	通貨
Orçamento	予算
Rendimento	所得
Venda	販売

Nutrição
栄養

Amargo	苦い
Apetite	食欲
Calorias	カロリー
Carboidratos	炭水化物
Comestível	食用
Dieta	ダイエット
Digestão	消化
Equilibrado	バランス
Fermentação	発酵
Líquidos	液体
Molho	ソース
Nutriente	栄養素
Peso	重さ
Proteínas	タンパク質
Qualidade	品質
Sabor	味
Saudável	元気
Saúde	健康
Toxina	毒素
Vitamina	ビタミン

Números
数字

Cinco	五
Decimal	小数
Dez	十
Dezesseis	十六
Dezessete	セブンティーン
Dezoito	十八
Dois	二
Doze	十二
Nove	九
Oito	八
Quatorze	十四
Quatro	四
Quinze	十五
Seis	六
Sete	セブン
Treze	十三
Três	三
Um	一
Vinte	二十
Zero	ゼロ

Oceano
海洋

Atum	ツナ
Baleia	鯨
Barco	ボート
Camarão	エビ
Caranguejo	カニ
Coral	コーラル
Enguia	うなぎ
Esponja	スポンジ
Golfinho	イルカ
Marés	潮汐
Medusa	クラゲ
Ondas	波
Ostra	カキ
Peixe	魚
Polvo	たこ
Recife	リーフ
Sal	塩
Tartaruga	カメ
Tempestade	嵐
Tubarão	鮫

Paisagens
風景

Cascata	滝
Caverna	洞窟
Colina	丘
Deserto	砂漠
Geleira	氷河
Golfo	湾
Iceberg	氷山
Ilha	島
Lago	湖
Mar	海
Montanha	山
Oásis	オアシス
Oceano	海洋
Pântano	沼
Península	半島
Praia	ビーチ
Rio	川
Tundra	ツンドラ
Vale	谷
Vulcão	火山

Países #1
国 #1

Alemanha	ドイツ
Brasil	ブラジル
Camboja	カンボジア
Canadá	カナダ
Egito	エジプト
Equador	エクアドル
Espanha	スペイン
Finlândia	フィンランド
Iraque	イラク
Israel	イスラエル
Itália	イタリア
Índia	インド
Mali	マリ
Marrocos	モロッコ
Nicarágua	ニカラグア
Noruega	ノルウェー
Panamá	パナマ
Polônia	ポーランド
Senegal	セネガル
Venezuela	ベネズエラ

Países #2
国 #2

Albânia	アルバニア
Dinamarca	デンマーク
França	フランス
Grécia	ギリシャ
Haiti	ハイチ
Indonésia	インドネシア
Irlanda	アイルランド
Jamaica	ジャマイカ
Japão	日本
Laos	ラオス
Líbano	レバノン
México	メキシコ
Nepal	ネパール
Nigéria	ナイジェリア
Paquistão	パキスタン
Rússia	ロシア
Síria	シリア
Somália	ソマリア
Ucrânia	ウクライナ
Uganda	ウガンダ

Pássaros
鳥類

Avestruz	ダチョウ
Águia	鷲
Canário	カナリア
Cegonha	コウノトリ
Cisne	白鳥
Corvo	カラス
Cuco	カッコウ
Flamingo	フラミンゴ
Frango	チキン
Gaivota	カモメ
Ganso	ガチョウ
Garça	サギ
Ovo	卵
Papagaio	オウム
Pardal	スズメ
Pato	アヒル
Pavão	孔雀
Pelicano	ペリカン
Pinguim	ペンギン
Tucano	オオハシ

Plantas
植物

Arbusto	ブッシュ
Árvore	木
Baga	ベリー
Bambu	竹
Botânica	植物学
Cacto	サボテン
Erva	ハーブ
Feijão	豆
Fertilizante	肥料
Flor	花
Flora	フローラ
Floresta	森
Folhagem	葉
Grama	草
Hera	蔦
Jardim	庭
Musgo	苔
Pétala	花弁
Raiz	根
Vegetação	植生

Profissões #1
職業 #1

Advogado	弁護士
Artista	アーティスト
Astrônomo	天文学者
Banqueiro	銀行家
Bombeiro	消防士
Caçador	ハンター
Cartógrafo	地図製作者
Cientista	科学者
Dançarino	踊り子
Editor	編集者
Embaixador	大使
Encanador	配管工
Enfermeira	看護婦
Geólogo	地質学者
Joalheiro	宝石商
Marinheiro	セーラー
Músico	音楽家
Pianista	ピアニスト
Psicólogo	心理学者
Veterinário	獣医

Profissões #2
職業 #2

Agricultor	農家
Astronauta	宇宙飛行士
Bibliotecário	司書
Biólogo	生物学者
Cirurgião	外科医
Dentista	歯医者
Engenheiro	エンジニア
Filósofo	哲学者
Fotógrafo	写真家
Ilustrador	イラストレーター
Inventor	発明者
Investigador	研究者
Jardineiro	庭師
Jornalista	ジャーナリスト
Linguista	言語学者
Médico	医師
Piloto	パイロット
Pintor	画家
Professor	先生
Zoólogo	動物学者

Química
化学

Alcalino	アルカリ性
Ácido	酸
Calor	熱
Carbono	炭素
Catalisador	触媒
Cloro	塩素
Elementos	要素
Elétron	電子
Enzima	酵素
Gás	ガス
Hidrogênio	水素
Íon	イオン
Líquido	液体
Molécula	分子
Nuclear	核
Orgânico	有機
Oxigénio	酸素
Peso	重さ
Sal	塩
Temperatura	温度

Restaurante # 2
レストラン #2

Almoço	ランチ
Aperitivo	前菜
Água	水
Bebida	飲料
Bolo	ケーキ
Cadeira	椅子
Colher	スプーン
Delicioso	美味しい
Especiarias	スパイス
Fruta	フルーツ
Garçom	ウェイター
Garfo	フォーク
Gelo	氷
Jantar	夕食
Legumes	野菜
Macarrão	麺
Peixe	魚
Sal	塩
Salada	サラダ
Sopa	スープ

Roupas
洋服

Avental	エプロン
Blusa	ブラウス
Calça	パンツ
Camisa	シャツ
Casaco	コート
Chapéu	帽子
Cinto	ベルト
Colar	ネックレス
Jaqueta	ジャケット
Jeans	ジーンズ
Luvas	手袋
Meias	靴下
Moda	ファッション
Pijama	パジャマ
Pulseira	ブレスレット
Saia	スカート
Sandálias	サンダル
Sapato	靴
Suéter	セーター
Vestido	ドレス

Saúde e Bem-Estar #1
ヘルス＆ウェルネス #1

Altura	高さ
Ativo	アクティブ
Bactérias	細菌
Clínica	診療所
Doutor	医者
Farmácia	薬局
Fome	飢餓
Fratura	骨折
Hábito	習慣
Hormones	ホルモン
Medicina	薬
Músculos	筋肉
Nervos	神経
Ossos	骨
Pele	肌
Postura	姿勢
Reflexo	反射
Relaxamento	リラクゼーション
Terapia	治療
Vírus	ウイルス

Saúde e Bem-Estar #2
ヘルス＆ウェルネス #2

Alergia	アレルギー
Anatomia	解剖学
Apetite	食欲
Caloria	カロリー
Corpo	体
Dieta	ダイエット
Digestão	消化
Doença	病気
Energia	エネルギー
Genética	遺伝学
Higiene	衛生
Hospital	病院
Humor	気分
Infecção	感染
Massagem	マッサージ
Peso	重さ
Recuperação	回復
Sangue	血
Saudável	元気
Vitamina	ビタミン

Tecnologia
テクノロジー

Arquivo	ファイル
Blog	ブログ
Bytes	バイト
Câmera	カメラ
Computador	コンピュータ
Cursor	カーソル
Dados	データ
Digital	デジタル
Estatísticas	統計
Fonte	フォント
Internet	インターネット
Mensagem	メッセージ
Navegador	ブラウザ
Pesquisa	研究
Segurança	安全
Software	ソフトウェア
Tela	画面
Virtual	仮想
Vírus	ウイルス

Tempo
時間

Agora	今
Ano	年
Antes	前
Anual	通年
Calendário	カレンダー
Década	十年
Dia	日
Futuro	未来
Hoje	今日
Hora	時間
Manhã	朝
Meio-Dia	昼
Mês	月
Minuto	分
Momento	一瞬
Noite	夜
Ontem	昨日
Relógio	時計
Semana	週
Século	世紀

Tipos de Cabelo
ヘアタイプ

Branco	白い
Brilhante	シャイニー
Cachos	カール
Careca	禿
Cinza	グレー
Colori	有色
Curto	短い
Encaracolado	カーリー
Fino	薄い
Grosso	厚い
Loiro	ブロンド
Marrom	茶色
Prata	銀
Preto	ブラック
Saudável	元気
Seco	ドライ
Suave	ソフト
Trançado	編組
Tranças	三つ編み

Universo
宇宙

Asteróide	小惑星
Astronomia	天文学
Astrônomo	天文学者
Atmosfera	雰囲気
Celestial	天体
Céu	空
Cósmico	コズミック
Equador	赤道
Galáxia	銀河
Hemisfério	半球
Horizonte	地平線
Latitude	緯度
Longitude	経度
Lua	月
Órbita	軌道
Solar	太陽
Solstício	至点
Telescópio	望遠鏡
Visível	目に見える
Zodíaco	ゾディアック

Vegetais
野菜

Abóbora	かぼちゃ
Aipo	セロリ
Alcachofra	アーティチョーク
Alho	ニンニク
Batata	じゃがいも
Beringela	茄子
Brócolis	ブロッコリー
Cebola	玉葱
Cenoura	にんじん
Chalota	エシャロット
Cogumelo	キノコ
Ervilha	エンドウ
Espinafre	ほうれん草
Gengibre	ショウガ
Nabo	カブ
Pepino	キュウリ
Rabanete	だいこん
Salada	サラダ
Salsa	パセリ
Tomate	トマト

Veículos
車両

Ambulância	救急車
Avião	飛行機
Balsa	フェリー
Barco	ボート
Bicicleta	自転車
Caminhão	トラック
Caravana	キャラバン
Carro	車
Foguete	ロケット
Helicóptero	ヘリコプター
Jangada	いかだ
Lambreta	スクーター
Metrô	地下鉄
Motor	モーター
Ônibus	バス
Pneus	タイヤ
Submarino	潜水艦
Táxi	タクシー
Transporte	シャトル
Trator	トラクター

Xadrez
チェス

Aprender	学ぶために
Branco	白い
Campeão	チャンピオン
Concurso	コンテスト
Desafios	課題
Diagonal	対角
Estratégia	戦略
Jogador	プレーヤー
Jogo	ゲーム
Oponente	相手
Passivo	パッシブ
Pontos	ポイント
Preto	ブラック
Rainha	女王
Regras	ルール
Rei	キング
Sacrifício	犠牲
Tempo	時間
Torneio	トーナメント

Parabéns

Conseguiu!

Esperamos que tenha gostado tanto deste livro como nós gostamos de o desenhar. Esforçamo-nos por criar livros da mais alta qualidade possível.
Esta edição foi concebida para proporcionar uma aprendizagem inteligente, de qualidade e divertida!

Gostou deste livro?

Um simples pedido

Estes livros existem graças às críticas que publica.
Pode ajudar-nos, deixando agora uma revisão?

Aqui está um pequeno link para
a sua página de revisão:

BestBooksActivity.com/Avaliacoes50

DESAFIO FINAL!

Desafio n° 1

Está pronto para o seu jogo grátis? Usamo-los a toda a hora, mas não são tão fáceis de encontrar - aqui estão os **Sinônimos!**
Escreva 5 palavras que encontrou nos puzzles (n° 21, n° 36, n° 76) e tente encontrar 2 sinónimos para cada palavra.

Escreva 5 palavras de *Puzzle 21*

Palavras	Sinônimo 1	Sinônimo 2

Escreva 5 palavras de *Puzzle 36*

Palavras	Sinônimo 1	Sinônimo 2

Escreva 5 palavras de *Puzzle 76*

Palavras	Sinônimo 1	Sinônimo 2

Desafio n° 2

Agora que já aqueceu, escreva 5 palavras que encontrou nos Puzzles (n° 9, n° 17 e n° 25) e tente encontrar 2 antônimos para cada palavra. Quantos se podem encontrar em 20 minutos?

Escreva 5 palavras de **Puzzle 9**

Palavras	Antônimo 1	Antônimo 2

Escreva 5 palavras de **Puzzle 17**

Palavras	Antônimo 1	Antônimo 2

Escreva 5 palavras de **Puzzle 25**

Palavras	Antônimo 1	Antônimo 2

Desafio n° 3

Óptimo! Este desafio final não é nada para si.

Pronto para o desafio final? Escolha 10 palavras que tenha descoberto nos diferentes puzzles e escreva-as abaixo.

1.	6.
2.	7.
3.	8.
4.	9.
5.	10.

Agora escreva um texto a pensar numa pessoa, num animal ou num lugar de seu agrado.

Pode utilizar a última página deste livro como um rascunho.

A Sua Composição:

CADERNO DE NOTAS:

ATÉ BREVE!

A equipa Inteira

DESCUBRA JOGOS GRATUITOS

GO

↓

BESTACTIVITYBOOKS.COM/FREEGAMES